天下文化

BELIEVE IN READING

# 你的人生，真正重要的是什麼？

感動百萬人的5個人生提問，那些比正確答案更關鍵的事

James E. Ryan
詹姆斯·萊恩——著
廖月娟——譯

原書名｜人生思考題

# Wait, What?

And Life's Other Essential Questions

天下文化 遠見

# 目錄

繁體中文版序

# 人生充滿驚奇

《你的人生，真正重要的是什麼？》的內容，出自二〇一六年我在哈佛教育學院給畢業生的演講。對於這本書繁體中文版的問世，我實在倍感榮幸。當初，我真的沒有想到，我的畢業演講影片會在全美瘋傳，更沒有想到遠在地球的另一頭，也會有我的聽眾（讀者）。

但是，人生就是充滿了驚奇。我問自己：「這到底是怎麼一回事？」在回答這個問題之前，我得先等等，因為人生還有更多重要的問題。翻閱本書後面篇章，你就會知道這些問題是什麼。

前言

# 人生大哉問

你或許會感到納悶，人生最重要的基本問題，是不是真的只有五個？沒錯，就只有五個。你不只應該經常自問這些問題，也應該拿這些問題去問別人。如果你已經養成習慣，經常自問這些問題，必然能夠擁有更快樂、更成功的人生。最終，你甚至會知道該如何回答人生的「加分題」，而這可能是你所面對最重要的問題。

聽我這麼說，你也許會想翻白眼，或者乾脆把書闔上。不過，請容我解釋一下。我完全了解，對你而言，前述這些話似乎過於「宏大」，甚至有點「老氣」。我唯一可以提出的理由是，這本書源自於我在畢業典禮上對畢業生的演講，而這類演講本來就是冠冕堂皇。如果你覺得前述讀到的這些內容似乎有點空泛，那你真該抽空聽一下我的演講！無論如何，請先不要太嚴厲地批評我，至少我可以保證，比起那場演講，這本書剖析得要更深入一點，而且更有趣，篇幅當然也遠勝於講稿。

我是哈佛大學教育學院院長*，每年都得在畢業典禮上，給畢業生一些「簡短的建言」。當然，我要說的不只三言兩語，那些演講通常也不如預期得那麼簡短。每一年，為數眾多的畢業生聚集在大禮堂，觀眾席上還有無數遠道而來的親友，為了一紙文憑，在暑氣逼人的酷夏，他們硬是憋著呵欠，耐著性子，聽完一連串的致詞與演講。二〇一六年，我認為我那場有關「問題」的畢業演講還算OK，可能不是非常精彩、轟動全場，但我想我講的應該還算可以。

沒想到，那場簡短的演講後來在網路上瘋傳，觀看人數竟然多達

* 編注：作者於二〇一三年至二〇一八年擔任哈佛大學教育學院院長，二〇一八年八月起擔任維吉尼亞大學第九任校長。本書為其擔任哈佛教育學院院長時的著作。

數百萬人次。很多人大方稱讚我，當然也有些酸言酸語，畢竟網路評論的生態本來就五花八門。不管好評或負評，我大都銘記在心，其中有些評語真的很有趣。

接下來，我知道的就是，有一家出版社的編輯寫電子郵件給我，建議我把這場演講寫成一本書。再接下來，就是各位此刻手上拿的這本書。

## 一個愛問為什麼的小朋友

為什麼我會以人生最重要的五個問題做為演講的題目，甚至出了一本書？好問題。答案其實有一部分與我個人的成長經歷有關。

問題一直教我著迷，就像大多數的孩子，我總有一籮筐的問題。

對我的朋友和家人來說，我從未因為日益成熟而停止這種習慣；直到今天，我依然喜歡發問。我還記得，在我小時候，我父母及我那可憐的姊姊，連吃一頓飯都得飽受我的糾纏，回答沒完沒了的問題，還有後續的追問。

等我長大，我比較少問「為什麼天空是藍的？」這種問題，而比較像是在法庭上對證人交叉質詢的律師一樣問問題，當然我不是故意用問題來攻擊別人，只是我會鍥而不捨，沒把問題搞清楚之前絕不會就此罷休。我會問我的父母，為什麼他們認為某些事是對的，是不是有證據支持這樣的信念？

比方說，我母親認為雷根（Ronald Reagan）是個好總統，我就會問她為什麼？我父親批評雷根是個爛總統，我也會請他提出證據。又譬如，他們都相信教宗是上帝在人世的代表，我就問他們是不是可以提出明確的證據？當然，我提出的問題無奇不有，不全然是像政治、宗教那樣崇高的問題，也會問我父母一些與日常生活有關的問題，例如：為什麼我該吃抱子甘藍？或是，為什麼會有人把肝臟和洋蔥這種難以入口的東西當成食物？

簡單一句話，就是我很煩人。我父親沒上過大學，他覺得我的問題很多，令他招架不住，而且問問題和投球似乎又是我唯一的天賦。我父親喜歡機械，很會修理東西，我沒有這樣的技能，滿腦子都是問題。於是我父親就說，你這麼愛問東問西，乾脆去當律師好了。他實在無法想像，除了當律師，我還能有其他的謀生之道。

結果，我真的就照我父親所說的，在大學畢業之後進入法學院就讀，這個選擇真的很適合我。各位可能知道，法學院的教授大都採取蘇格拉底教學法，或是類似的教學法，也就是藉由詢問學生一個又一個問題，讓學生自己去找答案，並且驗證這些答案是否禁得起進一步的探究，或是在改變一部分的事實陳述之後，答案是否依然成立。這套方法如果發揮應有的功效，一連串的提問就可以刺激學生努力思考自己提出的論證，找出可適用於不同情境的通則。

就這樣，我感覺終於找到自己喜歡的事，這也是為何在當了幾年律師之後，我決定當一名法學教授的原因。

在我到我的母校維吉尼亞大學（University of Virginia）法學院任教後不久，我父母曾到維大所在的小鎮夏洛特維爾（Charlottesville）來看我。我父親問我，他能不能到我的課堂上旁聽？現在回想起來，真是令我感慨，因為他這輩子就這麼一次看著我站在講台上授課。幾個月後，他就因為心臟病猝逝。

我父親對我到法學院任教的決定，其實感到有點驚訝。他知道我挺享受法庭上的攻防戰，但他並不相信教書是一份真正的工作。但是，當他親眼看到我在課堂上，對學生丟出一個又一個問題，他知道我終於找到最適合自己的工作。他打趣地跟對我說：「這根本就是你天生適合做的工作」，他不敢相信，小時候我在餐桌上一直對大家提出問題、轟炸大家，現在換成一直對學生提出問題，還能領到薪水。

## 哈佛大學的邀約

我在維吉尼亞大學教了十五年書後，有天突然接獲來自哈佛大學的邀約，問我是否願意擔任該校教育學院院長。在整個學術生涯中，我的著作及教授的課程都離不開教育法，所以到教育學院任職並不是個瘋狂的點子。我珍惜擁有寶貴的教育機會。我在紐澤西州北部的一個小城鎮接受教育，之後進入耶魯大學就讀，然後在維吉尼亞大學攻讀法學博士，這些教育經歷豐富了我的學養與人生。

我母親和我父親一樣，沒有上過大學，但他們對教育的力量深信不疑，而我正親身感受到這股力量的偉大。我在紐澤西州的公立學校就讀時，經由老師的幫助，申請到耶魯大學就讀。四年的耶魯大學生涯改變了我的人生，打開一扇我甚至根本不知道的大門。

這段經歷也讓我日後在整個學術生涯中，不斷思考這麼一個問題：為什麼我們的公立學校體系可以培養出一些優秀的學生，但仍有為數眾多的問題學生，特別是來自弱勢家庭的孩子？我接受哈佛的院長職位邀請，因為到哈佛擔任教育學院院長是千載難逢的好機會，可以和一群願意犧牲奉獻的人才一起努力，幫助許多經常遭受忽視的學生改善教育機會，我怎麼能夠放棄？

在我就任的第一年，我就發現，當院長時常要上台演講。而最重要的一場演講，就是在畢業典禮上對畢業生演講，那也是最讓我傷腦筋的一場演講，很難講得好。

我實在不知道我的第一場畢業演講該說什麼才好，於是把我在高中畢業時的畢業生致詞翻出來參考（我承認，當時我真的到了狗急跳牆的地步。）

當年，我講的題目是「時間」，這個題目可以發揮的原創性很高，但當時我只是個高中生，整篇致詞幾乎是由不連貫的名人佳句所組成。我從《巴特立名言金句集》（Bartlett's Familiar Quotations）中，東抄一句、西抄一句，引用海倫·凱勒（Helen Keller）、愛因斯坦（Albert Einstein）、洋基傳奇捕手尤吉·貝拉（Yogi Berra）等人對時間所提出的金句。

到了二〇一四年，我為哈佛大學畢業生演講擬稿時，這才發現自己在三十年前真正想說的是：我們不該浪費時間害怕：害怕過去、害怕未來，害怕一切不確定的東西、害怕別人、害怕新的想法、害怕新的情況。直到今天，我仍然相信，恐懼讓人白白浪費時間。

## 刻意忽略，也是一種罪過

第二年，我講的是另一個苦思多年的主題：當為者不為，亦即「忽略之罪」。我生長在一個天主教家庭，每週都會參加彌撒，而且在彌撒時擔任神父的輔祭。如果你對天主教不熟悉的話，天主教對罪過的論述很多，尤其是忽略的罪行。

我在第一次告解時，了解到什麼是忽略的罪行。

大約在那之前一年，在我十一歲時，我和朋友在後院玩，不慎引起火災。我們想用放大鏡點燃樹葉，因為沒有成功，就決定倒一點汽油在樹葉上。結果，效果太好了，引發熊熊大火。最後雖然我們成功把火給滅了，但我的兩道眉毛也被燒掉了。

當晚，我父母問我，為什麼後院有一大塊草皮燒黑了？我故作驚訝，表現出一副事不關己的樣子。

「好奇怪，」我父親說。

我問他，為什麼覺得奇怪？

「因為我很確定，今天早上還看到你的眉毛。」

他沒再質問下去，我想，他在等我告解吐實。後來，我真的承認了，但我是先向神父告解，承認我做了這件壞事，很久之後才向父母坦承。

起初，我不知道自己是否會在第一次告解時承認這件事。但是，與其他微不足道的小事相比，這件事在當時的確非同小可。後來我才知道，我其實做錯了「兩件事」：先是在後院引發火災，然後就像政客有時會做的那樣，在父母質問時我撒了謊，我「記錯了」。

在我向神父告解時，我先問神父一個問題：如果犯了錯，不告解，會怎麼樣？我想知道，我能有什麼樣的選擇。神父說：「犯了錯，不告解，也是一種罪過，即忽略的罪行。」我在心裡暗叫一聲：「慘了！」神父解釋，不去做應該做的事，跟故意做錯事一樣，也是一種罪過。

一開始我不太明白，為什麼什麼事也不做是一種罪過？多年後，我逐漸了解，比起故意犯罪，忽略的罪行甚至經常造成更大的傷害，不管是對別人，還是對自己。的確，我相信這通常是導致我們最大遺憾的主因，所以我最後還是向父母說了實話，承認自己在後院放火。這也是為何我在就任院長第二年的畢業典禮演講時，決定要講「忽略的罪行」這個題目，我請學生特別留意自己「沒做」的事。

## 問題和答案一樣重要

二〇一六年春季，眼看著畢業典禮一天一天逼近，我的朋友、同事開始問我，今年的演講打算講什麼？有一段時間，我只是反射性回答：「這真是個好問題！」我心裡明白，這是一個很蹩腳的答案。後來，我突然想到，這樣的答案也許不好，但是「好問題」這個主題或許是畢業典禮演講的好題目，尤其是我這輩子對這個主題非常著迷。

所以，提出問題和聆聽問題的重要性，就成為我演講的主題，也是這本書的主題。這本書的前五章，將會分別探討我所謂人生最重要的五個問題，最後再以「加分題」做結。但在切入這些問題之前，我們不妨把問題放在更大的脈絡中來看。因此，讓我對一般問題提出兩個建議。

首先，請多花一點時間想想：如何提出好問題。

很多人花太多時間擔心找不到正確答案，應屆畢業生可能特別容易產生這樣的擔憂：他們手中握有的文憑，就是握有知識的證明，家人也許期待從他們口中得到答案，特別是幫忙負擔學費的家人。很多人終其一生都擔心找不到正確答案。在職場上，我們裝出胸有成竹的樣子，以免在同事面前相形見絀。就個人生活而言，我們也不願因為毫無頭緒，而讓仰賴我們的人失望。

舉例來說，新手父母總是希望能知道所有與孩子有關問題的答案，就像一家公司的新進人員，新手父母如果遇到無法回答的問題，不免會感到緊張。這就是為何新體驗往往令人感覺有壓力的原因，如果你認為自己應該知道所有答案，但擁有的卻只是一堆問題，誰不會感覺壓力很大？

在我走馬上任、擔任教育學院院長之初，就經常嚐到這種苦頭。一開始，我以為我的工作有一大部分是在提供答案，畢竟身為領導人，總是得提出願景。而提出願景，等於是回答這麼一個重要問題：這個教育機構的意義究竟為何？我們能做什麼？坦白說，在我剛上任的時候，並沒有清楚的願景；老實說，我連最近的洗手間在哪裡都不曉得。我沒有答案，更別提什麼願景了，所以我不但緊張，甚至陷入沮喪，偶爾也會因此恐慌。

過了一陣子，我厭倦自己要假裝知道所有答案，於是開始問問題，就算別人問我問題，我也用問題來回答他們，比方說，「問得好！你有什麼想法呢？」我逐漸發現，不只是法學教授必須提出好問題，教育學院的院長也需要這麼做，儘管兩者的問題完全不同。唯有透過提問，你才能提出一個對同事來說也有足夠吸引力的願景。直到我了解這點，我才發現自己以前花了太多時間去擔憂不能立刻回答別人提出的問題，不管那些問題是大問題或小問題。

當然，這不是說答案不相干或不重要。相反地，我要說的是，問題和答案一樣重要，有時甚至更重要。事實就是，答案可能跟問題一樣好，但如果問錯問題，就會得到錯誤的答案。

## 問對問題比想像中難

這是我從很多經驗中學到的，但在這裡，我只分享一個例子。

一九九〇年，我在夏洛特維爾參加維大法學院舉辦的舞會。好不容易，我才鼓起勇氣，走到心儀許久的女同學凱蒂．何默（Katie Homer）面前，向她自我介紹。但是，我做錯了兩件事。

首先，我決定在凱蒂跟另一個男生跳舞時向她介紹自己（別問我為什麼，雖然這是個好問題。）第二個錯誤更嚴重，我居然在最後一刻沒了膽子，不是向凱蒂自我介紹，而是向她的舞伴攀談，姑且稱他為諾曼吧！由於音樂聲很大，我不得不拉高嗓子說：「你是諾曼吧？我想，我們一起上過民事訴訟的課。你課堂討論的表現真的很棒。」

諾曼喜形於色地回答：「是啊，謝謝！」

對於我提出的問題，諾曼說了非常適切的答案，但這不是我想聽到的答案。我想聽到的是凱蒂這麼說：「我是凱蒂．何默。很高興認識你。是的，我想嫁給你。」然而，由於我沒能提出正確的問題，所以永遠也聽不到這樣的答案。幸好，凱蒂冰雪聰明，知道我真正想問的是什麼，這就是為何我倆最終結為連理的原因。

提出好問題，可能比我們想像得還要困難。我這麼說，不只是在解釋為何我在那次舞會上，沒能提出正確的問題。提出好問題很難，是因為你必須看穿簡單的答案，把焦點放在困難、複雜、神祕、令人不適，甚至痛苦的地方。但我認為，你和你的聆聽者，都會因為這樣的付出，獲得更豐富的報酬，無論在工作和個人生活領域都一樣。

不管對哪一種事業來說，提出好問題都是職涯成功的關鍵。例如，一個能夠提出好問題的老師，能夠將知識活化，點燃學生心中的好奇之火，而好奇心是你能給予孩子最寶貴的禮物。高效的領導人，甚至是卓越的領導人，也承認自己不一定知道每個問題的答案，但是他們知道如何提出好問題，那些問題可以迫使自己和他人超越傳統無趣的解答，讓人發現種種前所未見的可能。

不管是哪個領域的創新者，都了解小兒麻痺疫苗發明人喬納斯．沙克（Jonas Salk）所說：「所有重大發現被揭露的那一刻，其實就是問題被揭露的那一刻。」

發現問題需要時間，但花費這些時間是值得的。愛因斯坦深信提問的價值，他有一句名言：如果他有一個小時來解決問題，而且那是足以改變人生的重大問題的話，他會用五十五分鐘來思考問題，再利用最後五分鐘來想解答。或許，你會想多留幾分鐘來想解答，但你應該懂我要說的重點。

對個人生活來說，提出好問題也很重要。真正的好朋友會拿好問題來問你，好父母也一樣。從他們提出的問題，就可以知道他們對你的了解以及關心。他們提出的問題會讓你停下來，好好思考，讓你誠懇地面對自己，讓彼此建立更緊密的關係。他們提出的問題，往往會令你不由得思考，至於你是否真的能夠找到答案倒不是那麼重要。提出讓人值得花時間思考的好問題是一門藝術，我相信，也是一種值得好好培養的能力。

## 聆聽別人的問題

提出好問題，是我們身為人類的一部分。畢卡索曾經說過，電腦一無是處，因為電腦只會提供答案。這有點極端，而且畢卡索提出這樣的想法是在Siri和Google問世之前，更別提ＩＢＭ的超級電腦華生（Watson）了。不過，仔細想想，Siri、Google和華生的確都是一些基本問題的答題高手，但拙於提問。萬一遇到問得不好的問題，電腦也不會應付。所以，我的第二項建議就是：要懂得聆聽好問題。

有人說，問題沒有好壞之分，沒有什麼是爛問題，這並不正確，但也不完全錯誤。很多問題乍聽之下似乎是爛問題，就像我問班上同學：「你是諾曼吧？我想，我們一起上過民事訴訟的課。」問題是好是壞，其實取決於聽的人。我的建議是，身為聆聽者，如果你在聽別人提出來的問題時，能夠仔細聆聽話中的含意，並且以開放的心胸來面對，就能把爛問題化為好問題。

當然，有些問題無論如何用心聆聽，還是無可救藥的爛問題。但其實，有些問題只是表面上看起來很糟，去除令人尷尬的外衣之後，依然是好問題。為了讓你明白這點，我們來做個小測驗，或是像美國教育界現在流行的用語，我們來做個「形成性評量」（formative assessment）*。接下來，我要說兩個故事，都是真的，請你區分其中的差異。

一九八四年，在我剛成為耶魯大一新生不久，曾和班上一位女同學聊天，我們聊得很開心。約莫二十分鐘後，這位女同學對我說：「我可以問你一個問題嗎？」我心想：太棒了！她想約我吃飯或看電影吧。上大學才兩天，就有女生要跟我約會了。

在我告訴各位她實際上要問我什麼問題之前，我得先告訴各位一

* 編注：對學生的學習成果定期評量，並根據評量結果給予具體回饋，監督學生進步情況，期使學生改進學習行為。

件事：當時的我，身高只有一六〇公分左右，比現在的我足足矮了十五公分。可能我很晚才進入青春期吧。總之，大一的我，看起來只有十二、三歲。回到那位女同學問我的問題，她說：「其實，我不知道該怎麼問你才好。我在想，你是不是天才兒童？」不用說，她不會想約我出去吃飯或看電影。

兩個月後，我母親去超市購物時，有人問她一個問題。

我是在紐澤西州北部米德蘭公園（Midland Park）長大的，那裡的居民多半是藍領階級，大部分從事水電工或園藝造景師。米德蘭公園周圍的市郊有很多有錢人家，經常雇用來自米德蘭公園的水電工或園藝造景師。我們常去的 A&P 超市，位於米德蘭公園和鄰近富裕城鎮的交界。

那天，我母親去 A&P 超市購物。買完後，她走到停車場，把東西放進車子裡。有位妝髮講究的女士走過來問我母親，她住在米德蘭公園嗎？我母親回答：是啊。那位女士指著我家車子後擋風玻璃上貼的耶魯大學貼紙說：「我不是要窺探隱私，我只是好奇：你們買這部車的時候，車上就貼了那張耶魯大學的貼紙嗎？」

你可以區分這兩個問題的不同吧？那位女同學只是隨口問問，是無心的。經過痛苦和漫長的等待，在我真的「轉大人」之後，才發現那個問題甚至有點好笑。而停車場那位女士問我母親的問題，顯然不懷好意：那根本是侮辱，不是問題。

有天，你也會遇上不懷好意的問題(如果你現在從未遇過的話)，有些問題來自陌生人，有些問題來自同事、上司或親友。你要學會區分哪些是無心的笨問題，哪些是惡意的問題。有些笨問題或許只是想要更了解你一點，或是因為焦慮和無知才會這麼問，無論是哪一種，我們都不該責怪提出這種問題的人。真正的壞問題其實根本不是問題，只是偽裝成問題的陳述，目的是為了侮辱你或故意讓你難堪。我們必須小心這類「問題」，但是對於其他真正的問題，包括可能會令你尷尬的笨問題，我認為，我們還是應該抱持開放的態度面對。

好問題具有力與美，為了讓你更了解這點，接下來我將提出人生最重要的五個問題。你不只應該時常問這些問題，也要注意聆聽是否有這樣的問題，即使提問的方式讓你感覺尷尬。當然，你可以對自己和他人提出的重要問題有很多，不只這五個。什麼問題重要，通常取決於具體情況，不過我提出的這五個問題不管在任何情境都很重要，而且有用。這些問題可以幫助你度過每個週一早晨，也可以幫助你找到人生方向，不再過得渾渾噩噩，還能幫助你建立新的連結，或是加深既有的人際關係。

## 開啟未知的五把鑰匙

我在念小學的時候，發現學校工友的腰間總是掛著一串很大的鑰匙圈。我時常目不轉睛地看著那些鑰匙，我很好奇：學校的教室明明沒有那麼多間，或是我們學生可以看見的門沒有那麼多扇，為什麼工友身上有那麼多把鑰匙？我想知道，多出來的鑰匙可以用來打開哪些沒看到的門？在那些門後，又有哪些東西？由於工友握有所有鑰匙，我認為他必然是全校最有權力的人；在我眼裡，鑰匙就是權力的象徵。

問題就像鑰匙一樣，如果你在對的時機，提出對的問題，就能開啟一扇未知的大門，發現你不知道、不了解、不曾想過的事情，使你更了解自己和他人。接下來，我將在後續五章提出五個問題，就像同在一個環上的五把鑰匙，雖然有時你必然需要其他鑰匙，但這五把鑰匙絕對不能少。

第一題

# 等等，你說什麼？

**真正了解別人的所思、所言，**
**你才能夠做出最好的判斷。**

我第一次問：「等等，你說什麼？」時，是我兒子威爾出生的前一刻。

我和凱蒂雖然是新手父母，但我們自認為已經很了解整個生產過程。我們一起去媽媽教室上課，一起練習呼吸法，也看了錄影帶。所以，一九九六年二月二十五日早上，當凱蒂破水時，我們都覺得自己已經準備好迎接小寶貝了。

那天早上，我們到紐約市蘭諾斯丘醫院（Lenox Hill Hospital），辦理好住院手續之後，就到產房待產。那家醫院的產房裝潢得很高級，看起來就像五星級萬豪酒店的房間。由於凱蒂第一次生產，不知道自己是不是真的要生了。她有一點輕微的疼痛，但這完全沒有吸引護士的注意。凱蒂偶爾蹙眉，但還是盡量保持笑容，當我們在醫院走廊上來回走動，希望能加速產程時，有位看起來比較「資深」一點的護士，以典型紐約客的口吻對她說：「親愛的，妳知道妳需要什麼嗎？真正的陣痛。」

大約過了十個小時，真正的陣痛才開始。當這樣的陣痛來臨時，你一定知道。問題是，凱蒂的生產幾乎沒什麼進展，不只是她痛苦，我們的寶貝兒子也是。產科醫師走進待產室，平淡地說，他得帶我們到另一個房間。儘管這和原定計畫不同，我們還是乖乖照做。從這本書的主題來看，這舉動真是諷刺。

另一個房間，其實就是開刀房。我們從那間像是高級飯店房間的待產室轉移陣地，進入一個冰冷、明亮、有著磁磚地板的地方。醫療團隊已經在等候我們了，我站在凱蒂的推床旁，醫師用平靜的語氣對我們解釋，嬰兒的頭太大、卡住了，他們必須盡快讓寶寶從產道出來。

醫師問道，我們希望用哪一種器械輔助生產？用產鉗把胎兒夾出來，還是用真空吸引器？凱蒂嘶吼：「我受不了了！只要可以停止這一切就好。」這根本就不是答案，但我想還是不要說什麼才好。於是，我對醫師說，我們沒有經驗，而他是專家，由他來決定會比較好。最後，醫師決定使用真空吸引器。

醫師話音方落，我身邊隨即出現一個男人。他自我介紹，說他是某某醫師，一副氣定神閒的樣子，表示他會用前臂幫凱蒂壓肚子，把寶寶給擠出來。他說：「就像把橄欖子給擠出來一樣。」他一手壓著凱蒂的肚子，另一手則緊握床緣柵欄，準備施力。我突然想起，媽媽教室裡沒有討論到這種做法，生產教學錄影帶也沒有看到什麼「把橄欖子給擠出來」的方法。

在那一刻，我不由得吐出這個問題：「等等，你說什麼？」

醫師沒有回答我，只是用力壓凱蒂的肚子。凱蒂禮貌地說，這樣讓她有點不舒服。我想，她真正要說的是：「放開，不然老娘就宰了你！」但是，醫師還是繼續用力壓，過了一會兒，我們的寶貝兒子，真的就像橄欖子從產道給擠出來了！

## 一個很簡單的重要問題

我在產房講出這句話之前很久，我就聽過「等等，你說什麼？」這個問題了。在我讀大學的時候，班上有個同學叫凱斯．傅拉維爾（Keith Flavell），他老愛問：「等等，你說什麼？」

凱斯是個可愛、隨和的加拿大人，有時聽不懂同學、包括我在說什麼，就會問：「等等，你說什麼？」這句話幾乎變成他的口頭禪，從他覺得有點無法置信的事，或是聽到我們在說什麼荒唐的事時，他都會說這句話。就我記憶所及，這個問句是凱斯的「正字標記」；除了他，沒有太多人經常提出這樣的問題。

我聽說加拿大人很常這麼說，但我不知道在一九八〇年代中期，也就是在我們上大學的時期，這樣的問句在加拿大是否很流行。說實在的，我無法考證這個問句源於何地、何時；就我所知，凱斯是第一個提出這個問題的人，帶動這股「國際風潮」。

大學畢業後，我和凱斯分道揚鑣，「等等，你說什麼？」這個問題幾乎就此在我的生命中消失，至少有很長一段時間如此。凱蒂早已從凱斯那裡學到這個口頭禪，所以偶爾也會這麼說；不過除此之外，我再也沒聽其他人這麼說過。

十年前，到我們的寶貝兒子威爾十歲大的時候，我發現，他不時會穿插這個問句，他的朋友也一樣。其實，考量到這孩子早在呱呱墜地之前，就和這個問句結下不解之緣，這也沒什麼好奇怪的。然後，突然間，這個問句流行了起來，不管我走到哪裡，都會聽到這一句。現在，「等等，你說什麼？」早已成為日常用語，尤其是三十歲以下的年輕人，但這句話當然不是千禧世代的專用語。

有些傳統文法學者，也許會對這句話的流行搖頭嘆息，認為「等等」似乎是多餘的。或許，還有一些人會指出，這句話證明了英語的墮落與文化的式微。無論如何，心存厭惡者自然會繼續嗤之以鼻。不過這個問句表面上看起來雖然簡單，但你可別被騙了。「等等，你說什麼？」，一旦你能夠了解這個問句的用法，就會知道它為什麼是最重要的問題之一。

## 一句話，多種用法

首先，「等等，你說什麼？」，這句話非常靈活、好用，這或許是它流行起來的部分原因。在很多情況下，都可以拋出這個問句。比方說，你可以直接問：「等等，你說什麼？」請對方重複一次剛才說的話，或是再說得清楚一點，因為對方剛才說的話可能令你覺得有點訝異，或是有點難以置信。

如果把「等等」拖得比較長，再用短促、強調的語氣說出「你說什麼？」，可以表示你真的不敢相信。有點像是客氣地問別人：「你剛剛真的是那麼說的嗎？」或是「你在開玩笑吧？」如果是相反的結構，把「等等」說得比較短促、強調一點，用拉長語氣說出「你說什麼？」這種問法可以用在別人要你去做某件事，而你懷疑他的動機是什麼，或是反對這麼做時。

像後面這種用法，我家的小孩就經常用來跟我頂嘴。通常，當我要他們幫忙做家事，他們就會冒出這一句。比方說，站在他們的角度，耳裡可能聽到我這麼說：「如此如此，這般這般……，請你整理一下你的房間吧！」就在那一刻，這個問題就會脫口而出：「等等，你說什｜麼｜你剛剛說整理房間？我的房間？」

在這五個基本問題中，我把「等等，你說什麼？」這個問題放在首位，因為這是請別人進一步說明的好方法。透過進一步說明與解釋，人與人之間才能互相了解、妥善溝通，無論是溝通彼此的想法、對某件事情的意見、信念，或是商業活動等。（不過，如果有人向你求婚，丟出這樣的問句也許不大妥當啦。）

「你說什麼？」之前的「等等」，可以視為無用的修辭，但我認為，它其實可以提醒我們和他人慢下來，確定自己真的了解對方說的話。我們經常操之過急，沒能暫停一下，釐清真正的含義，往往自以為已經很了解對方的看法就急著去做。但是，在這麼做的同時，我們也失去妥善掌握一個意念、一種主張或一件事情全部含義的機會。適時提出「等等，你說什麼？」這個問題，可以幫助你有效掌握這種機會、而非失去這種機會。

## 與日本男孩的邂逅

多年前，我和凱蒂曾和幾個朋友一起去挪威玩，我們的行程包括健行和划船。到了那裡，我們遇見一位老友，他在那裡當嚮導，專門帶旅客到景點遊覽和到偏遠的露營區。他聽說我們第二天要到一座峽灣，於是問道，他的一個客人可否跟我們一起去？那個客人是名十九歲的日本男孩，也想去那座峽灣。我們說好，第二天就帶他一起去。

他只會說一點英語，我們則完全不通日語，所以一路上沒聊什麼。到了峽灣，這名日本男孩雀躍地下了車，從背包拿出一張CD，在峽灣上走來走去，不時把那張CD舉得高高的，端詳專輯封面和遠方的大山。他就這樣走走停停，看來看去。我們面面相覷，不知道他在做什麼，還有點擔心是不是哪裡不對。

最後，我們趕上他，清楚看到他拿著的那張專輯封面上，正是遠山映襯的峽灣。那張CD是挪威作曲家愛德華．葛利格（Edvard Grieg）的交響曲，我們這才恍然大悟，原來我們真的到了這張專輯封面的拍攝地點，而我們這位新朋友正在尋找照片的正確拍攝位置。男孩說，他這輩子夢想著要來這個地方，不惜花光所有儲蓄，飛越大半個地球來到這裡。

這時，凱蒂問道：「等等，你說什麼？」聽完男孩解釋，我們才知道，原來他在東京一處小的不得了的公寓長大，兒時生活困苦，唯一的慰藉就是聽葛利格這首交響曲，夢想有一天能夠飛到專輯封面拍攝的地點。對他來說，這裡就是全世界最美的地方。

我們花了一點時間才聽懂男孩的故事，但要不是凱蒂開口問：「等等，你說什麼？」，我們就聽不到這麼一個動人的故事。

## 像大法官一樣提問

提出「等等，你說什麼？」這個問題，也可以讓我們避免驟下結論或評斷。我們太常在尚未真的了解一個人或一種論點之前，就急著表示同意或不同意。我們的公開發言，特別是在社群媒體上的留言，很像打球時選邊站或選隊友一樣草率。

我們在聽別人的意見，或是看一段文字時，很容易在還沒有真正搞清楚之前就妄下判斷，然後將那些與我們意見不同的人視為無知或邪惡。但如果我們能夠多花一點時間，多了解一點別人的想法和觀點，特別是前所未見、具有挑戰性的看法，就能夠多一點好奇、少一點排斥。就算多一點了解不一定會改變你的看法，但至少能夠讓你更懂得尊重別人，或懂得欣賞別人提出的意見。

無論如何，真正了解別人的所思、所言，你才能夠做出最好的判斷，這是我從美國最高法院大法官約翰・保羅・史蒂文斯（John Paul Stevens）那裡學到的。在我職業生涯中，他是我看過最高明的提問者。當我在首席大法官威廉・芮奎斯特（William Rehnquist）底下當書記官時，曾經親眼見識史蒂文斯質問時的風采。

對學法律、又對問題著迷的年輕人來說，能夠當大法官的書記官，實在是做夢也會笑，因為可以聆聽所有的口頭答辯。每次的口頭答辯歷時一個小時，雙方各有三十分鐘。除了克拉倫斯·湯瑪斯（Clarence Thomas）大法官這個傳奇人物幾乎不曾提出任何問題之外，法官都會對律師提出許多問題。通常，法官會透過律師辯論形成自己的觀點，比較常與同在法庭上的同事交換意見，而不是與在庭上辯論的律師交換看法。

但這不是史蒂文斯大法官的風格。雖然他不曾問律師：「等等，你說什麼？」但他經常用類似的問題，客氣地請律師把重點說清楚。他的方式很尊重人，通常都很溫和，這種態度跟他的同事不同。有些大法官在提問時總是咄咄逼人，甚至語帶諷刺，例如大法官安東寧·

史卡利亞（Antonin Scalia），但史蒂文斯大法官則是謙和地探詢：「律師，很抱歉，我必須打斷一下。可以請你說明一下……？」

史蒂文斯大法官的提問總是一針見血，他會請律師說慢一點，把一項事實或論點說明白一點。史蒂文斯大法官通常會清楚點出律師論點有問題的地方，而且通常都是相當大的問題。與他的同事相比，史蒂文斯大法官通常會直指問題核心，如果律師要打贏官司，就不得不好好回答他提出的問題。萬一他們答不上來，史蒂文斯大法官就會透過一連串問題來解釋，說明律師們的論點為何不成立。由於他已經先請律師解釋過，所以最後的裁定也就更強而有力。

我們可以從史蒂文斯大法官的提問方式，了解很重要的一點：在任何情況下，最好先請別人解釋，再來說明自己的論點。也就是說，當你陳述自己的意見之前，先提出「等等，你說什麼？」之類的問題，讓別人把話說清楚，再來表達你的立場。

## 別根據錯誤假設評斷事情

當然，這件事說起來容易，做起來難。去年，和我一樣有幸上過拉凱許・古拉納（Rakesh Khurana）教授大師班的人，應該就會了解到這點。

古拉納是哈佛商學院教授，也是哈佛大學的教務長。為了讓學生明白何謂好的教學，每年我們都會邀請哈佛各系所的傑出教授，到哈佛教育學院為我們上大師班。這些教授會幫我們上一堂課，然後解釋他們的教學目標與用意何在。古拉納的專長是個案教學，個案教學正是商學院的招牌。

闆應該扮演什麼樣的角色？我猜，你現在可能也是一樣，都想批評老闆李，認為身為老闆應該要保護珍妮，不該讓她獨自承受客戶的騷擾。

然後，古拉納突然說道，他忘了提及一件事：「對不起，我忘記告訴大家，李是一位女性。」在說完這項重要的事實之後，古拉納停頓了一下，而大家先前都沒有想到要詢問李的性別。在場的聽眾，包括我，都因為驚訝而忍不住問道：「等等，你說什麼？」然後，眾人不免為自己先前以為李是男性時，對於他的行為所提出的評論難為情地一笑。儘管，古拉納在陳述這個個案時，未曾說過老闆李的性別。

這正是古拉納上這堂課的用意。我們批評老闆李，認為自己說的很有道理，古拉納教我們不要這麼肯定，因為我們經常根據錯誤的假設來評斷事情，而這樣一口咬定很不好。你當然可以繼續批評珍妮的老闆李，但最好是等到掌握所有的事實之後再說。我學到寶貴的一課，相信近期都不會忘記，也相信這堂課值得我們大家牢記。

## 好問題能促進人與人的了解

我們要特別記得，萬一碰到難纏的情況，不管是家裡發生的事或是工作，尤其是在氣氛緊繃之下，千萬不要意氣用事，必須掌握所有事實，再下結論。只是單純對事情做出反應實在很容易，簡直是太容易了。我們經常根據自己的假設來反應，衝動說出一些話，而忽略了事實。記得提醒自己先問：「等等，你說什麼？」，可以幫助你避免驟下評斷。

適時詢問「等等，你說什麼？」，不僅可以幫助你釐清自己的思路，也可以幫助別人釐清頭緒。身為父母，我發現這個問題非常實用，可以導正孩子的想法。如果你也是為人父母者，就應該知道孩子有時會犯我們稱之為「錯誤推論」（faulty reasoning）的毛病，例如可能低估和朋友出去玩的風險，或是高估自己完成某件事的能力。更糟糕的是，他們可能因為沒有足夠的安全感而錯誤評斷自己，未能充分發現自己的長處或魅力。

即便是成人，也有這樣的毛病。例如，沒有自信的人，經常會做出各種錯誤的假設和推論，認為自己沒有能力、沒有魅力，沒什麼才華，不得人緣，也無法在工作上嶄露頭角。如果你的孩子、朋友或家人低估自己，適時丟出「等等，你說什麼？」這樣的問題，有助於修正他們的判斷，把對話帶入討論核心。

其實，你還可以再拋出另一個重要的問題：「我想知道，你為什麼認為自己是這樣的人？」，鼓勵對方重新評估自己的看法是否有誤

（下一章會討論這個問題）。像這樣的對話可能並不輕鬆，但這種交談很重要，這跟你提出的問題一樣重要。

最後，我要說的是如何成為一個好的聆聽者。做為聆聽者，豎起耳朵留意「等等，你說什麼？」這樣的問題非常有幫助。有時，你說的話難免會引起朋友、家人或同事的反對或質疑，在面對質疑的時候，你自然會為自己辯駁。請你記住，對你提出質疑的人，或是反對你的人，可能只是需要你進一步解釋，才能了解你的動機，或是知道你是怎麼想的。

面對這樣的問題或挑戰，其實跟問問題有異曲同工之妙。重要的是，在你解釋清楚之前，別陷入無謂的爭論。關鍵在於，在你充分解釋自己的想法之前，不要開啟無謂的論述。下次，如果有人對一項建議或提案說出類似「這真荒謬」的話，或是「這點子聽起來蠢斃了」，你要提醒自己，他們想說的其實是「等等，你說什麼？」他們可能只是希望你解釋得清楚一點。當然，在你說明完畢之後，他們可能還是不同意，但是聽過你的解釋，他們應該不會再對你的想法抱持原先的觀點。

簡而言之，「等等，你說什麼？」這個問題至關重要，因為這個問題是促進人與人之間了解的核心，可以幫助我們擁有更豐富、更滿足的人生，無論是個人生活或工作都一樣。如果你能夠更了解別人，還有別人的想法，那麼這個世界對你來說就會顯得更加豐富。

培養先理解後評判的習慣，就可以避免無謂的衝突，與身邊的人建立更深厚的關係。只是提出一個簡單的問題就能有這樣的結果，似乎還不賴。

第二題

# 我想知道……？

保持對世界的好奇心，
打開與這個世界互動的機會。

傳統思維告訴我們，好奇心可能是危險的：好奇心害死貓。但就我的經驗來說，擁有好奇心反而是件好事。

我和凱蒂新婚時，曾經在荷蘭住了一段時間。荷蘭四處都是運河，風光迷人。我喜歡跑步，一天早上，我在距離我們公寓幾哩的公園草地上跑步。我發現，前方有塊草地是淺綠色的，而我腳下的草地則是深綠色的。不過，我還是繼續往前跑，沒問：「我想知道，為什麼前方那塊草地的顏色會不一樣？」

當我就這麼從運河邊衝過去時，才注意到那塊淺綠色的草地其實是河上的綠藻，但為時已晚。我站在齊腰深的水裡，全身沾滿綠色黏液，同時一邊檢查自己有沒有受傷，一邊確認有沒有人注意到我。

我自個兒爬上岸。雖然我毫髮無傷，但自尊心不免受到傷害。我聽到有人說荷蘭語，意思大概是：「喔，太好笑了！你竟然直接衝進河裡！」狼狽的是，我還得跑幾哩路才能回到家。我這副模樣，活像是一九七〇年代從電視節目走出來的海怪西格蒙德（Sigmund the Sea Monster）。

這段經歷帶出本書提出的第二個人生基本問題就是：「我想知道……？」在你提出異議之前，我承認，這並不是一個完整的問題，只是問題的開頭，後面經常出現「為什麼」或「如果」等子句。所以，本章提出的問題有兩種說法：「我想知道，為什麼……？」，以及我想知道，我能不能……？」

「我想知道，為什麼……？」這個問題，可以讓你經常保持對這個世界的好奇心，我在荷蘭跑步時，這樣的態度就能派上用場。「我想知道，我能不能……？」這個問題，可以讓你與這個世界緊密接觸，鼓勵你嘗試新的事物。它可以促使你開始思考，你可以如何幫助改善這個世界，或至少在你可及的範圍內做到這件事。

雖然用詞有點不同，但其實「我想知道，為什麼……？」和「我想知道，我能不能……？」這兩個問題息息相關。比方說，在問了「我想知道，為什麼……？」之後，很難不再問「我想知道，我能不能……？」。

如果你有點一頭霧水的話，請繼續聽我細說分明。

## 別失去神聖的好奇心

愛因斯坦曾說（以一貫謙虛自誇的口吻）：「我沒有什麼特殊才能，只有強烈的好奇心。」前半句當然不是真的，後半句則千真萬確。愛因斯坦對世界的確存有強烈的好奇心，無論是可見或不可見的事物。他曾說：「重要的是，不要停止發問，切莫失去神聖的好奇心。」

好奇心從提出「我想知道，為什麼……？」開始。孩子初次接觸這個世界時，腦海裡最常縈繞這個問題，老愛問：「為什麼？」，多數對話也繞著這個問題發展。不知為何，我發現大多數人長大之後，都不再像兒時那麼好奇。有可能是因為父母或師長對「為什麼？」這類問題感到厭煩，因而讓孩子的好奇心沒有得到父母或師長充分鼓勵。當然，生活忙碌也可能磨掉一個人的好奇心，對一般人來說，僅只是度過一天都可能是一種挑戰。無論如何，始終保有一顆赤子之心，用好奇的眼光來看周遭世界的人，實在是少之又少。

如果你能時常詢問：「我想知道，為什麼……？」，就能敦促自己保持好奇心。就算別人對你的問題感到厭煩，或是無法回答你的問題，你也不該停止對自己問這個問題。當然，我的意思絕非要你放棄工作，一整天做白日夢。我只是建議你，多花點時間好好觀察這個世界，例如你身邊的人或你所在的環境，記得問：「我想知道，為什麼……？」

這個問題是一把鑰匙，能為你打開一連串故事，解決大大小小無數個謎團。這個問題也能帶你踏上發現之旅，獲得驚人的洞見，所有的科學家，從居禮夫人（Marie Curie）到霍金（Stephen Hawking），都曾經對周遭世界提出這樣的問題。幾個世紀以來，偉大的藝術家和作家也不斷提出這個問題。對科學家和藝術家來說，這個世界充滿了待解的謎題，更別提卓越的教師和企業家。

你不需要是世界一流的科學家或藝術家，才能領略世界充滿神奇與奧祕，甚至協助解決一部分的謎題。你只需要多留心周遭世界，適時提出問題。我們太常將這個世界視為靜態運轉，無法充分體認到，我們眼前所見的事物都是過去的產物，由現在已不可見的力量形塑而成。在我們身邊就有許多訊息和線索等著被發現和詮釋。

## 隱形的故事

以原野上的石牆遺跡為例，如果你曾經造訪過新英格蘭鄉間，必然會注意到那裡的石砌矮牆。在我居住的麻州，土地邊界就有石牆，甚至延伸到我們住的房子後方的森林。由於這些石牆處處可見，靜默地座落在那裡，我們習以為常，忽略它們。我也是這樣，直到我女兒菲比在八歲那年問我，為什麼我們住的地方有那麼多石牆？我才開始認真思索這個問題。

我對她說：「妳可問倒我了。」然後，我做了一番研究。我發現，這些表面上看來平凡無奇的石牆，其實非常有趣，石牆的岩石有些是幾千年前由冰河推擠上來的花崗岩和石灰岩（好啦，這部分或許有點無聊，但接下來要談些比較好玩的事。）

在美國的殖民與革命時期，農民們在清理田地時，發現這些岩石。起初，他們隨意堆疊，後來堆成了石牆，用來當作土地分界。等到東北部的居民從務農改為投入工業之後，他們就不再管那些石牆。到工業革命時，有許多石牆變得雜草叢生。到了二十世紀中葉，由於這些石牆和美國建國早期歷史有關，而且其中隱含心力與巧思，才又開始引人注目。

如果你想看到這些石牆，想要真正看到它，你就必須像我女兒菲比一樣提問：我想知道，這裡為什麼會有那麼多石牆？然後，無可避免地，這就會引出其他問題：這些石牆在這裡存在多久了？怎麼堆的？為什麼要堆？而且，為什麼有些石牆延伸到樹林，有些已經傾圮，有些卻還完好無缺？一旦你開始提問、尋找答案，你會發現原本看似平凡、尋常的東西，也會變得神祕、引人入勝。

我對石牆的研究，把我帶入美國詩人暨哲學家梭羅（Henry David Thoreau）的世界。華爾登湖（Walden Pond）附近的石牆令梭羅驚嘆不已，而這裡離我家不遠。梭羅在一八五〇年的日記寫道：「我們不相信這些大石頭堆積的石牆出自祖先之手。他們遺留下來的作品還清楚可見、貌似永恆，而他們在世間的停留卻像過客，如此短暫？我看著石牆，心裡想著這些大石頭要多少趟的牛車才搬得完……我感到驚奇，因為它代表一股力量，那是我們不曾紀念過的力量。」

我本來對這些石牆視而不見，卻因為我女兒的問題，扎實地上了一堂歷史課，也跟著梭羅思索存在的問題。這一切使我和菲比重新看待身旁的世界，覺得我們與這個世界的連結更緊密，這一切都是因為菲比問了：「我想知道，為什麼……？」而開始。

## 好奇心豐富你的人生

原野中的石砌矮牆只是個簡單的例子。不管你身在何處，只要你願意花時間觀察，都能夠發現故事。街道、建築物、星辰、樹木、火車、船、動物等，每一樣東西都有過去，也都暗藏著故事，尤其是你周圍的人，無論是上課時坐你隔壁的同學，或是鄰座同事，每個人都有獨一無二的故事。想要發掘這些故事，了解你周遭的世界，得知社群的信念與價值觀，學習別人的經驗，其實很簡單，只要你願意花點時間注意一下，並且提問：「我想知道，為什麼……？」

這些故事將成為你人生的養分，甚至可能讓你延年益壽。根據社會科學家的研究，好奇心可為人帶來健康和快樂。擁有好奇心的人比較有學習的動力，也比較能夠保有自己學到的東西。擁有好奇心的人甚至可能更有魅力，畢竟人也會被關注自己的人所吸引。

好奇心還能帶來同理心，而這樣的情感在今天似乎很缺乏。有好奇心的人也可能比較健康，尤其是比較不會焦慮，因為他們不怕變化，會把新的情況當做學習的機會，而非認為是自己的學識不夠充足。根據一些研究，有好奇心的人可能因為入世較深，因此比較長壽。

只要常問：「我想知道，為什麼……？」，就能保持你對這個世界的好奇心。如果你問：「我想知道，我能不能……？」，就能打開與這個世界互動的機會。我踏上的每一段新旅程，我嘗試過的每一件新鮮事，幾乎都是從這個問題開始的：「我想知道，我可以……嗎？」

而且，我得到的答案總是不大一樣。

例如，「我想知道，我可以加入學校的划船隊嗎？」（不行。因為我太矮了，各位或許還記得，我剛上大學時，有點發育不良。）「我想知道，我可以參加阿卡貝拉社嗎？」（不行。因為入社的人至少要有歌唱能力，而我五音不全。）「我想知道，我可以改打橄欖球嗎？」（可以。身高和歌唱能力對這項運動的影響並不大。）「我想知道，大學畢業後，如果我跑到澳洲當清潔隊員收垃圾半年，可以養活自己嗎？」（可能不行。因為只要我發現有人把死貓丟到垃圾桶，就會嚇得落荒而逃。）

或是，「我想知道，我可以玩高空彈跳嗎？」（可以。但一次就夠了，沒有下次。）「我想知道，雖然我已經一把年紀了，還可能學會打冰上曲棍球嗎？」（可以。但我的孩子和隊友都勸我放棄，因為打得不好。）「我想知道，我能學會雜耍丟球嗎？」（可以。其實並不會很難。）「我想知道，五年前的我，是否算是學會衝浪了？」（我的孩子說，勉強算是吧。）「我想知道，我可能學會彈鋼琴嗎？」（此生應該無望了，除非會彈〈瑪麗有隻小綿羊〉也算，但凱蒂說那不算。）

從這一連串心願清單來看，你可以預料得到不是你想嘗試的新事物都能成功。但是，如果你不停止發問：「我想知道，我可以……嗎？」，一定能夠找到你喜歡做的事。

## 提出問題才可能改變

「我想知道，我能不能……？」這個問題不但重要，而且與「我想知道，為什麼……？」大有關連。只要你開始詢問：「我想知道，為什麼……？」，尤其當你對聽到的答案感到不滿意時，自然就會詢問：「我想知道，是不是還有其他的方法或可能性？」換句話說，在你就現況提出「我想知道，為什麼……？」時，自然也對未來提出「我想知道，如果……？」

以我當法學教授時研究的學校隔離問題為例，從某個角度來看，學校的種族隔離做法似乎已成過去。的確，如果你把學校隔離定義為：學生依法按照種族必須就讀不同學校或班級，那這種制度早就被推翻了。一九五四年，美國最高法院裁定〈布朗訴托皮卡教育局案〉（Brown v. Board of Education of Topeka），判決這樣的做法違憲，必須廢除。但是，法律導致的隔離，只是學校隔離的原因之一，還有另一種形式的隔離，有時稱為「事實上的隔離」（de facto segregation），顯示隔離的現象不只是法律所造成，還有其他因素，而此類隔離的現象至今依然可見。

其實，近二十年來，「事實上的隔離」持續地在擴大。種族和社經地位的因素，持續加深學校隔離的問題。為什麼？很多卓越的倡議人士和學者已經提出這麼一個問題，答案也很簡單：反隔離命令被法院撤銷（這類命令向來不持久），所以融合種族的學校計畫也無疾而終。社區還是有種族隔離的現象，所以校園內依然有隔離的狀況，特許學校（charter schools）傾向於著重服務有色人種學生，而不是積極融合校園。

一旦這些關注相關議題的專家和學者提出：「我想知道，為什麼……？」，免不了就會思考「我想知道，我們能不能……？」，例如，「我想知道，我們能不能促進社區融合？」「我想知道，如果學生不在有隔離現象的社區學校就讀，我們還能提供他們什麼選擇？」「我想知道，是否至少有些特許學校能將多元化當成主要任務之一？」透過這些問題，這些倡議人士使人重新注意到學校隔離的問題，促使前任非裔教育部長約翰．金恩（John King）將學校隔離與多元化當成重要的施政目標。

當然，這不是說改變就會自然發生。在融合校園成為主流、而非特例之前，我們還有很長的路要走。但是，如果沒人提出：「我想知道，為什麼……？」，以及「我想知道，我們能不能……？」這類問題，並拒絕將現狀視為無法改變的事，前任教育部長金恩就不大可能把融合校園列為聯邦政府的首要施政目標之一。

## 我的身世

即便是看起來最難改變、最難質疑的事，也請別視為理所當然，仍舊值得我們提出疑問。有時，最不公不義的事看起來很難改變，詢問為什麼好像很沒有意義（有人會這麼覺得），例如學校隔離，但你在生活中所見的很多地方，還是可能獲得改善。而改變的第一步，就是詢問：「我想知道，為什麼……？」，以及「我想知道，我能不能……？」

這兩個息息相關的問題，不但對你的個人生活有幫助，也對你的工作有益。我特別感受到這點，體會詢問「我想知道，為什麼……？」的重要性，因為探究我的身世就是一個很好的例子。

我四十六歲那年，才在紐澤西花園州高速公路（Garden State

Parkway）休息站見到我的生母。小時候，我就知道我是領養來的孩子。我不記得我什麼時候知道這件事，就像我不記得什麼時候知道我的小名叫吉姆。由於我的養父母很寵愛我，即使我知道自己不是他們親生的，也從不覺得自己少了什麼，未曾怨恨過被親生父母遺棄。

我的童年過得很快樂，我爸媽（也就是我的養父母）雖然不完美，但是他們已經很接近完美（至少在我看來是這樣）。我們家並不富有，但歡樂童年該有的我都有了，像是腳踏車、棒球手套、釘鞋、慢跑鞋等。我也有一群經常在一起玩的朋友，每年我們全家都會到紐澤西的黃金海岸度假一週，我還有個好性子的姊姊，爸媽對我們的照顧可說無微不至。

也許因為如此，我從來沒有對我的親生父母感到好奇。據說，我爸媽是透過一個天主教嬰兒之家領養我的，所有資料都得保密。我只知道（我媽有時會說起這個故事），有一天我爸媽接到一通電話，說寶寶已經「準備好了」，他們可以在兩天內，到紐澤西伊麗莎白城的醫院把寶寶接回家。

聽說修女把我交給我爸媽的時候，我身上穿了一件手織毛衣，戴了一條項鍊，墜子是旅行者守護神聖克里斯多福（St. Christopher）。我媽問修女，毛衣和項鍊是怎麼來的？修女淚水盈眶地說（我媽每次說到這裡也一樣）：「我不能告訴妳。我只能說，那是一個非常愛他的人給他的。」

各位或許會想，這個故事應該會引發我的好奇心吧！沒有，一點也不。我只是對我的養父母更加感激。我想，把孩子送給別人領養，感覺必然心如刀割，但我對被領養一事心存感激。我已經擁有一個幸福的家庭，完全不想知道親生父母的事。

此外，我也以為自己知道整個故事，八成是這樣的：我的親生父母是十來歲的高中小屁孩，因為女方懷孕了，只好把孩子生下來，送給人領養。畢竟，她還年輕，還有大好人生等著她。這是領養的經典故事，我也認為自己滿符合這個公式的，所以不曾問過：「我想知道，為什麼我是領養來的？」，更不曾問：「我想知道，能不能找到我的親生父母？」不過，我爸媽倒是經常對我說，如果我想要尋找親生父母，他們很樂意幫我。

接下來，把時間快轉到二〇一二年，此時我的養父母都離世了，我和凱蒂也有了自己的家庭，還生了四個孩子。由於這四個孩子長得既不像凱蒂、也不像我，所以我對生父、生母開始有了一點好奇心。我想，也許我的孩子比較像他們。但由於我和凱蒂每天忙得團團轉，這個念頭不久也就消失了。

## 你必須找到她

幾年後，某天我和一位好友一起去跑步。他是在韓國出生的，七歲那年和母親與兄弟一起來到美國。他一直在追查他父親的下落，所以對我說，我也不妨找找看自己的親生父母。我說，我沒興趣，但他還是一直慫恿我。我說不過他，就說：好吧！我試試看。

那天，我跑完步回到家就上網查詢，不到一個小時，我就發現，紐澤西那間協助我生母將我送養的天主教機構，願意提供非身分辨識資料，也就是除了出養者的姓氏，其他資料都可以提供當事人查閱。於是，我寫了封電子郵件給那間機構，確認他們願意提供資料，也找得到我的資料。我得到的答覆是：「是的，我們仍保有你的檔案。」天啊！居然這麼容易？所以，我寄了一張支票過去，請他們把資料寄給我。

兩個月後，我收到一封信，長達三頁，詳細記錄了我的原生家庭和出養原因。結果，我的身世和我自己想的截然不同。在這份資料中，有我生父、生母的名字（姓氏保密），以及他們的父母和兄弟姊妹的描述，還有關於我被領養時的情況簡述，讀起來就像是以十九世紀末期為背景，講述愛爾蘭移民的小說故事大綱。

我的生母潔若汀出生於愛爾蘭。長大成人之後，跟隨哥哥的腳步移民來美國。她在紐約市的一個富有人家當幫傭，後來跟同樣來自愛爾蘭的一個酒保相戀。潔若汀告訴我的生父她懷孕了，他才坦承自己已經結婚，而且還有三個小孩。他說，他是天主教徒，不可能離婚。（等等，那天主教徒就可以外遇嗎？）於是，潔若汀跟他一刀兩斷，來到紐澤西的未婚媽媽之家待產。

潔若汀把待產的日子用來織毛線（就是那件毛衣！），也跟修女討論是否可能自己撫養寶寶。那封信上說：「每次，她聽到出養的建議，就開始哭泣。」但是，她終究認清現實，她不可能獨自把孩子撫養長大，也覺得我有個父親會比較好。產後九天，我們形影不離，直到我的養父母來把我帶回家。信上最後一句寫道：「出院時，她整顆心都碎了。」

看完這封信，我整個人都呆了。這封信回答了我從未提出的問題，例如，在我剛出生的時候，我生母是否為我取了名字？是的，她給我取的名字是邁可．約瑟夫（Michael Joseph），以我外公為名。我給凱蒂看這封信時，她邊看邊掉眼淚，看完後對我說：「你必須找到潔若汀，讓她知道，你過得很好。」

兩天後，那間領養機構一位名叫芭芭拉的女士打電話給我，那封信就是她根據我的出生和領養資料寫的。她用標準紐澤西口音跟我說：「詹姆斯，我在這裡做了二十五年。我得告訴你，像這樣的故事我還是第一次聽到。我真的很感動。你聽到我說的嗎？我真的很感動。」然後，她說她不能建議我繼續尋找潔若汀，因為恐怕得花一筆錢。但是，「詹姆斯，」她說：「我想，她應該會很想知道你的一切，不是嗎？」雖然有點難為情，但老實說，我倒是沒有想過我的生母會想我。

## 最遙遠的距離

無論如何，我還是寄了一張支票給芭芭拉，請她幫忙。我們猜想，我的生母可能回愛爾蘭了，也有可能已經過世了。接下來的幾個月都沒有消息。接著，我記得很清楚，二〇一三年六月一個週四下午五點，我接到哈佛大學校長德魯．佛斯特（Drew Faust）打來的電話，她問我是否願意擔任該校的教育學院院長？

我腦中一直思考，如果我接受這份職務，我們全家人就得從維吉尼亞州搬到麻州。第二天早上，我接到芭芭拉打來的電話，她問我：「你現在坐著嗎？」

我告訴她：「我站著。」她說：「你得坐下來聽我說。我們找到她了。」由於我腦子裡一直在想前一天佛斯特校長跟我說的事，一時腦筋錯亂，以為芭芭拉要跟我說：「你的生母就是德魯．佛斯特。」當然，她不是這麼說的。

芭芭拉說，他們已經找到潔若汀了。一開始，他們只是說，有個「親戚」想要跟她聯絡。後來，潔若汀和她先生開車前往領養機構一探究竟。在她知道我的事之後，淚流滿面。她對芭芭拉說，她每天都在為我禱告。「你知道她祈求什麼嗎？」芭芭拉說：「她祈求天主，能讓你們母子在天家相會。」

結果潔若汀沒有回去愛爾蘭。她遇見了一個好男人，跟他結婚，兩人生了四個孩子，後來也搬到紐澤西州，離我小時候的家只有十五分鐘的路程！她的孩子在當地的天主教學校就讀，我有一些朋友也就讀那間學校。也許在我小的時候，我們曾經相遇過，只是互不相識。

幾天後，我終於和潔若汀通上電話。一開始，是她先生接起電話的，他還沒來得及說什麼，我已經說了一大堆：「請先聽我說，我不是瘋子，也不是要錢，更不會糾纏。我打這通電話，只是為了表示我的感謝。我想讓潔若汀知道，我一切很好，我過得很快樂。」

我聽到，他在電話那頭呵呵笑了起來，他說：「她等這一刻已經等了好幾十年。她是我這輩子遇過最好的女人。」然後，他把電話交給潔若汀。她講話依然有愛爾蘭口音，跟她說話既超現實又自然。她問起凱蒂和我們的孩子，也試探性地問了有關我的事。我們約定之後再好好聊聊，並且找時間見面。

為了方便，我們約在紐澤西高速公路休息站見面，因為在紐澤西州，大家習慣在這個地方碰面。那天早上，也是我們離開維吉尼亞州搬到麻州新家的同一天。那天，我幾個孩子正為了搬家而心煩意亂，沒把和潔若汀見面的事放在心上，另一方面是他們很喜歡我的養母，而她幾年前就離世了。但是，當他們一看到潔若汀都愣住了，不停地端詳我倆的臉孔。

潔若汀可能還不到一百五十公分，是個精神抖擻的老太太，看起來跟我就像同一個模子刻出來的，只不過多了頂「假髮」。如果我們參加母子臉選拔賽，或許可以奪冠。我們坐在當肯甜甜圈店（Dunkin' Donuts）外的用餐區，我的孩子知道自己跟這件事也有關係，因為坐在高速公路休息站的美食區，他們打量著潔若汀、一個完完全全的陌生人，卻從她身上看到一部分的自己。

我們坐在那裡，聊了兩個小時左右，翻看相簿，手握著手。告別之時，潔若汀給我的孩子每人一個信封，信封上寫著他們的名字。信封裡不但有張卡片，還有一張二十美元的鈔票。潔若汀說，那是給他們買冰淇淋的錢，夏天到了。

不久後，我也見到我那四個同母異父的兄弟姊妹，其中一個看起來跟我就像是雙胞胎。每隔一、兩週，我就會給潔若汀打通電話。這段關係來得雖然意外，但一點都不奇怪。潔若汀總說，如果有空，我可以多打幾通電話給她。如果你也見到她，不可能會不喜歡她，因為她總是笑容可掬，溫柔、關心別人，始終親切釋放善意。

## 試著對自己提問

如果我這一生都不問「我想知道，為什麼我是領養來的？」，以及「我想知道，我能不能找到我的生母？」，有可能我這輩子永遠也見不到潔若汀和她的家人。我的人生因為提出這兩個問題而變得更豐富，而且現在回想起來，我曾以為自己已經知道潔若汀為何未婚生下我的故事，實在有點好笑。

後來，潔若汀讓我見她之後生下的四名子女，我才發現，他們其實都跟我差不多年紀。潔若汀帶我到她女兒家的那天，牽了我的手，一直不放，直到我見過她生的四名子女。有時，她會突然轉過頭來看著我，幫我調整領子。這時，我才深刻了解，即使她對我沒有養育之恩，永遠也無法取代我的養母，但我永遠是她的兒子。

當然，這不是一個改變世界的故事，但這個故事以一種特別、有意義的方式改變了「我的」世界。這把我們帶到本章結尾，提出這兩個關鍵問題：「我想知道，為什麼……？」，以及「我想知道，我能不能……？」，不只可以用來對世界提問，也可以用來對自己提問。

我不是在提倡什麼自助方法，或是要你自我沉溺，盡是做些沒有意義的空想。但我相信，對自己保持好奇是既健康也有益的事。比方說，你為什麼會有某種習慣？某些地方、食物、某些事、某些人，為什麼會特別吸引你？如果你願意嘗試的話，是否也可能一樣喜歡其他選擇？為什麼陌生情境會讓你緊張？為什麼開會或參加派對時，你總是沉默不語或羞於互動？為什麼你很容易分心？為什麼你比較容易對某個家人失去耐性？對於你真心想要自我改變的地方，如果你真的努力嘗試過了呢？或者，同樣重要的是，如果你就這樣接受那是你的一部分，不做改變，又會如何？

總之，「我想知道，為什麼……？」這個問題很重要，因為你會這麼問，代表你保有好奇心，想要了解周遭的世界，包括你在其中的位置。「我想知道，我能不能……？」這個問題也一樣重要，因為這能讓你和這個世界保持互動，讓你思考如何讓你所處的一隅變得更好。如果不問這樣的問題，你可能就無法得知還有哪些可能性，人生也因此少了一些樂趣。就像我的生母潔若汀，人海茫茫，本以為此生無緣相見，沒想到她就在燈火闌珊處。

# 第三題

# 至少，我們是不是能夠……

只要你提出這個問題，
事情就有發展的空間。

如果沒有第三個問題，就沒有我們家的老么菲比。我知道，這聽起來似乎有點令人難以置信，但這是真的。

我和凱蒂本來只想生三個小孩，但她後來改變心意。我們家老三班出生後，凱蒂常說，這個家似乎「不夠完整」。凱蒂說了幾乎整整一年，每次她這麼說，我都當她在開玩笑。如果你來我們家，看到那三個活潑、可愛的小男孩，你可能不會想到她說的「不夠完整」。

一年後，老三滿週歲之後，她還是這麼說，我終於知道，她不是在開玩笑。我問她，是不是我們家只有兒子，她想要女兒？我知道，如果生女兒，她想為她取名為菲比，英文拼做「Phebe」，而不是一般常見的「Phoebe」。而「Phebe」這名字的淵源是，幾百年前，她的家族在麻州塞勒姆鎮（Salem）定居，有個親戚被指控為女巫，幸好後來被無罪赦免。凱蒂說，不是，這無關性別，她覺得生男生女一樣好，而且某種程度上來說都生兒子也好，大的穿不下的衣服，就可以給小的穿。只是她覺得，我們可以再多生一個孩子。

我還是認為她有點瘋狂，三個孩子已經夠了，我們應該在還能夠應付的時候喊停，避免再度「向下沉淪」。

為了說服她打消再生一個小孩的念頭，我刻意等到家裡陷入大混亂的時候，才開啟這種話題。像是週六早上七點，三個小男生都起床了，兩個在吵吵鬧鬧，還有一個不知道跑到哪裡。這時，我會跟凱蒂說：「妳知道這個家還少了什麼才算完整嗎？沒錯，就是一個哇哇大哭的小嬰兒！」

這招果然奏效，接下來的一年，凱蒂不再提這件事。不過，我知道她已經打定主意，還是想生，但我也是鐵了心，就是不想。後來，凱蒂拋出這麼一個好問題：「至少，我們是不是能夠好好談談，這個家要如何會比較好？」所以，我們開始談要不要再生一個小孩的問題。過了兩年，我的立場開始軟化；再過九個月，菲比來到我們家。凱蒂說的沒錯，我現在無法想像這個家沒有菲比會怎樣，如果沒有菲比，這個家的確不完整。

## 尋求共識的好方法

就像我們在前一章看過的問題一樣，「至少，我們是不是能夠……？」這個問題是一系列問題的核心，不只是單一問句敘述。類似的問法還有好幾種，無論問法為何，「至少，我們是不是能夠……？」的問題核心在於打破僵局。這個問題可以幫助化解對立，使雙方致力於達成某種共識，例如「至少，我們能不能夠同意……？」

儘管你不知道事情最後會如何發展，提出「至少，我們能不能夠開始……？」，能夠幫助你們開始採取行動。無論後面接的是什麼句子，只要你提出「至少，我們是不是能夠……？」，事情就有發展的空間。

如果你問：「至少，我們是不是同意……？」，會比較容易找到共識。想要維持健康、有益的人際關係，關鍵在於達成共識，不論是政治、生意、婚姻或友誼都一樣。特別是在起爭執的時候，如果你能問：「至少，我們能不能夠同意……？」，雙方就能夠稍微暫停一下、後退一步，好好想想。只要後退一步，找到共識，或許你就能夠前進兩步。事情的進展通常都是這麼來的：退一步，前進兩步。

尋求共識在今天特別重要。理論上，網路和社群媒體應該能使我們更了解別人的想法、事實與信念，幫助我們修正自己的觀點，讓自己的胸襟更加開放，但其實不然。根據對社群媒體的研究，特別是臉書（Facebook），這類媒體使得「同溫層」的現象愈演愈烈，我們會互相尋求類似的觀點，支持自己的信念。傳統媒體也趨向於討好分眾族群，所以保守派人士喜歡看福斯新聞（Fox News），自由派的人則喜歡看MSNBC。

每個人都愛看與自己看法相同的節目，對反對意見則傾向視而不見。在虛擬世界裡，壁壘分明的現象愈來愈明顯，即使是同一場賽事，觀眾也能夠根據自己支持的隊伍（主隊或客隊）選擇收看播出的頻道。久而久之，我們只活在自己的世界，只吸收自己想知道的資訊。

## 走出同溫層

被社會學家稱為「群體極化」（group polarization）的現象既

不幸，也危險。不管在網路世界或現實世界中，如果我們習慣待在同溫層，只會強化己見，容不下反對意見，最後可能形成更嚴重、更極端的對立。

舉例來說，如果你討厭紐約洋基隊，經常跟對他們有誤解的人混在一起，自然更可能相信洋基隊是一支道德淪喪的爛隊伍。事實上，你可能更進一步開始相信洋基隊是一支邪惡的隊伍，破壞美國職棒大聯盟這項運動娛樂。身為洋基隊的球迷，我就曾在波士頓芬威球場上親眼目睹洋基隊和紅襪隊的球迷互嗆，那可不是好玩的。

如果你能夠提問：「至少，我們是不是都同意……？」，就可以避免極端和對立，並且展現出你尋求共識的誠意。儘管觀點不同，但如果你能夠找出共識，就會發現這個世界並不是非黑即白，有許多細微的差異存在。至少，你比較不會認為與你觀點不同的人就是敵人、惡魔。

再以洋基隊和紅襪隊為例，洋基隊隊長德瑞克．基特（Derek Jeter）風靡美國職棒大聯盟近二十年之後，在二〇一四年的球季正式宣布退休。球場上，他是個傑出的選手，也是球迷崇拜的偶像，但無論場內外，他都是值得讚揚的人。至於人稱「老爹」（Big Papi）的紅襪隊打者大衛．歐提茲（David Ortiz），也在二〇一六年的球季結束時退休。他一樣是傳奇球星，受人愛戴。如果要讓宛如世仇般的洋基隊與紅襪隊球迷找到共識，你就得提起基特和「老爹」，畢竟洋基隊球迷無法否認「老爹」是個偉大的球員，而紅襪隊的球迷也很欣賞基特。就算是敵對的球迷，只要提起「老爹」和基特，就能為雙方的衝突降溫。

## 憲法上的實務運用

「至少，我們是不是都同意……？」這個問題，不但可以化解球迷之間的衝突，也有助於解決憲法上的爭議。我的法學院同學道格．肯達爾（Doug Kendall）就證明了這點。

幾十年來，保守派和自由派對美國憲法有不同解讀，保守派認為法官應該依據憲法起草者的原意，主張維持憲法在幾世紀前訂定的原意；自由派則反對這樣的約束，主張憲法應考慮當下和未來的現實而「與時俱進」。保守派攻擊說，「活憲法主義」將給法官太多自由；自由派則批評，「原旨主義」*食古不化，有如拿著幾百年前的枷鎖

* 編注：原旨主義指應依據制憲者的意圖或者憲法條文的含義來解釋憲法。

套在現今法官的身上。

肯達爾看出雙方的弱點，提出自己的觀點。他挑戰自由派，問道：「至少，我們是不是都同意，每個人都在乎憲法的原意？」他反問保守派：「至少，我們是不是都同意，美國憲法有很多重要的條款其實是有彈性的通則，而不是僵化的條文？至少，我們是不是都同意，這些通則的運用，可能在歷經一段時日之後，因為情況、事實和價值觀的不同，而出現改變？」

舉個生活中的小例子，假設你採取某項「通則」，決定只吃健康食物，但經過一段時間，根據最新的營養學研究，某些你原本認為健康的食物，其實是不健康的，你是否應該調整一下實際做法，但繼續吃健康食物的原則不變？肯達爾說，憲法也應如此，即使實際做法可能有所改變，但原則不變。

為了倡導這樣的理念，肯達爾在華府創立了憲法責任中心（Constitutional Accountability Center），這是一個以公共利益為著眼點的智庫。憲法責任中心不但參與個案研究，也對憲法重要條款的原意提出研究報告，並且評論法官任命案。

不久，如果美國憲法出現爭議，憲法責任中心的意見就會備受矚目，自由派的律師和法官因此更願意探究憲法原意，而且能夠針對憲法原意與保守派進行有益的辯論。儘管美國憲法經過兩百多年不斷修正，但堅持自由與平等的原則不變，一路走來，肯達爾的努力終於獲得自由派和保守派律師的尊敬與讚揚。

肯達爾的策略的確高明，他認為，如果自由派能夠訴諸憲法文字的真意，就很可能會獲勝。因此，「至少，我們是不是同意……？」這樣的問題，確實有助於雙方找到共識。當初，凱蒂也是問我類似的問題：「至少，我們是不是能談談再生一個孩子的事？」在某種程度上肯達爾的做法與凱蒂類似，他們兩人都相信，找到共識就是說服對方的第一步，而這項策略顯然很有效。

## 好的開始，成功的一半

當然，「至少，我們是不是能夠同意……？」這個問題並無法化解所有的歧見，但是它能夠縮小分歧的範圍。如果雙方能夠找到共識，就比較能夠了解真正的衝突所在，不必浪費時間質疑對方的動機，而這在公共議題的辯論上很常見。

很不幸地，教育議題的辯論就是一個很好的例子。

你可能會認為，與教育相關的從業人員，辯論雙方都是以孩子的福祉為前提，但其實，教育辯論中的雙方經常質疑彼此的動機。比方說，有人總愛批評支持特許學校的人，認為他們想要使公立學校私有化，再從中獲利。而支持教師工會的人，也經常招致抨擊，說他們只重視教師的福利，忽略學童的福祉。

這種在辯論中常見的指責只會帶來傷害，一點建樹也沒有。斷言與自己意見相左的人一定別有用心或有不良企圖，就不會有討論的空間。如果雙方可以針對價值觀和目標，誠心誠意地溝通、尋求共識，這樣的辯論才有意義。

我不是在暗示僅僅提出：「至少，我們是不是都同意，大家都關心孩子的福祉？」這樣的問題就能化解教育從業人員之間的紛爭，但至少能夠消弭一點對立，有助於找到共識、避免謾罵叫囂，確實做出一點貢獻。

除了徵求同意之外，「至少，我們是不是能夠……？」這個問題也是打破僵局、幫助事情進展的一個好方法，甚至在你沒有任何詳細計畫時也一樣。就像老電影《歡樂滿人間》（*Mary Poppins*）裡的魔法保母瑪麗．包萍（Mary Poppins）說的：「一件事只要起了頭，就等於做了一半。」（她說起來是比較容易啦，畢竟她揮揮魔法棒就能夠移動東西，但這仍不失為一項好建議。）

不論在家裡還是在職場，我們常常因為拖延、害怕或追求完美而裹足不前，一味擔心結果不如人意。但是，有時最重要的決定就是開始行動。正如我最喜愛的德國文豪歌德（Johann Wolfgang von Goethe）說的：「不管你能做什麼，不管你的夢想是什麼，開始做就對了！大膽當中蘊藏著天才、力量和魔法。」從我個人生活與職業生涯來看，我可以告訴你，歌德此言不假。

凱蒂和我一直想帶著孩子到國外去住個一年，我們認為，對孩子來說，這會是很棒的生活經驗，我們一家人也能夠更親近。然而，由於生活忙碌，我們就這樣一年拖過一年。幾年前，我們終於覺得不能夠再繼續拖下去，否則永遠都去不成。但是，要離開一整年很難，我們不由得考慮放棄這個念頭。最後，我們終於想到，「至少」我可以利用學術假的一個學期來完成這項計畫。最後，我們決定到紐西蘭。

一旦我們下定決心、付諸行動，一切似乎就水到渠成。我順利申請到奧克蘭大學（University of Auckland）擔任客座教授，也在當地為孩子們找到很棒的公立學校，而且很快就找到房子和車子。雖然比原先到國外居住一年的計畫縮短一點，但在紐西蘭居住的這五個月真是我們全家人最難忘、收穫最大的經驗。幸好，我們當初並未完全放棄，因為「至少，我們是不是能夠……？」這個問題而有了轉機。

## 一起試試看，好嗎？

對於沒做過的新鮮事，這個問題也能夠幫忙克服恐懼，我的孩子就是最好的例子。

由於我很喜歡滑雪，於是決定「無私」教我家那幾個小蘿蔔頭滑雪，希望他們也能愛上滑雪，這樣我就有完美的理由可以安排滑雪旅行。但是，對新手來說，陌生的專業裝備、壯觀的山頭和刺骨的寒意，很容易令人心生畏懼。不過我發現，如果我說：「至少，我們是不是能夠……？」，一步步帶他們嘗試新事物，通常就可以成功。

比方說，他們害怕乘坐滑雪纜車，我就說：「至少，我們可以去看看纜車長什麼樣啊？」或是，他們害怕從高的地方滑下來，我就會鼓勵他們：「至少，我們可以先爬上去，往下看看風景如何呀？」

當然，這種說法也不是每一次都能奏效。「至少，我們是不是能夠……？」是一個基本問題，不是一個奇蹟般的問題，但是我發現孩子們經常都需要這個問題指引，才能跨出下一步。有時只是近距離看看自己害怕的事物，其實就能夠克服恐懼。因為想像只會讓恐懼膨脹。如果你懂得問：「至少，我們是不是去看一下……？」，就能夠推動自己或他人往前進。

擔任哈佛大學教育學院院長至今，我從來沒有後悔過提出這樣的問題：「至少，我們能不能夠開始……？」，無論那是一項新專案或新倡議。我發現，只要你下定決心，如歌德所言，拿出行動，你想像不到的各種資源、想法和助力，都會自動出現來幫你。

## 一場不應停止的對話

也許，最好的例子就是在兩年前，我和教育學院的教授決定在全校展開「如何促進校園融合」的對話。我們想推動這個活動的原因，主要有兩個。

首先，教育學院的十三種碩士班課程沒有共同科目，對我來說這很可惜，如此一來，修習不同碩士課程的學生就沒有機會一起討論某個特定領域的知識、提出共同問題，或培養某種特別的技能。我是新任院長，無法立刻改善這種情況，但至少我們可以就一個共同主題舉辦演講、座談會、學生研究計畫或教職員工作坊來進行討論，並且讓全校師生都能參與，而這些活動全圍繞著「多元化」這個主題展開。

第二，我們決定討論這個主題，是因為教育界就像我們所處的這個世界愈來愈多元化。儘管多元化能使一個機構或組織更加健全，但也可能造成分化，因此我們認為，重要的是讓學生做好準備，使他們在未來能卓有成效地工作，並成為成功的領導人物。因此我們推動這場對話，就是為了使多元化成為一股良好的力量，避免造成分化和對立。這樣的對話也有助我們所有人更輕鬆地討論種族、認同與平等的話題。儘管我們都認為這些對話很重要，但這些話題總是教人覺得難以啟齒，無法坦然以對。

推動這場對話的靈感，也源於我個人的經驗。我在維吉尼亞大學就讀法學院的時候，我的好友泰德．史莫爾（Ted Small）注意到，我們法學院的黑人與白人學生總是自我隔離，井水不犯河水。他以前在哈佛大學念書時，也發現類似現象，只是維吉尼亞大學的狀況似乎更嚴重。於是，他提議找十個法學院的學生，成員包括黑人與白人學生，每個月聚餐一次，討論和種族有關的議題。

我們把這個小組稱為「種族和諧促進團」。史莫爾創辦這個活動時，並不知道會有什麼結果，但是他覺得應該這麼做，我也同意。事實上，他正是在對與會同學提出這個問題：「至少，我們是不是能夠……？」，把十個法學院學生聚集起來討論相關議題，這或許可以證明黑人與白人的法學院學生不僅能夠一起討論一些「硬話題」，在過程中甚至能夠成為真正的朋友。

到我們畢業時，我們已經一起吃過很多次飯，討論過很多不同的主題，有時針鋒相對，有時則輕鬆、幽默。我們確實也成為好友，甚至在法學院掀起一股風潮，其他同學也紛紛成立這樣的團體，總共有十幾個。

我在當時並未覺得像這樣的聚會有多麼特別，多年後，我才發現參加「種族和諧促進團」對我的人生影響深遠。直到今天，我還是把當時學到的經驗當作原則，而在哈佛教育學院推動校園融合的對話，正是受到當年的啟發。

我們在哈佛教育學院推動的校園融合對話，成果喜憂參半。好的一面是，這場活動很快就引起師生和教職員的興趣，但結果也暴露出我們準備得不夠完善，有些學生抱怨，不知道這樣的對話能夠帶來什麼好處、架構不夠嚴謹等；總之，他們覺得我們做得不夠好。

於是，我們決定隔年再辦一次。我們規畫得更周詳，邀請更多講者，指定共同閱讀的書目，並且新增十多堂有關種族、多元化和平等的課程。由於這樣的對話，哈佛教育學院更致力於消弭種族歧視，也更致力於使教職員多元化，它提醒我們更注意相關議題、多做一點努力，創造嚴謹的融合式課堂體驗。我們也善用博士班學生的長才，請他們引導研討會和討論小組，主持教職員工作坊。

經過兩年，原本結構鬆散的校園融合對話，已經成為學院的重要特色，在許多方面發揮影響力，包括課堂上的學習、教職員的雇用和工作環境等。這場對話尚未結束，我們還有許多任務。無論如何，決心推動這項計畫、付諸行動之後，有一股力量逐漸形成，使我們的學院變得更好，讓我們得以培養出更多優秀的領導人，日後得以帶領學校或組織致力於多元化、落實平等。

## 嘗試比結果更重要

我舉前面這個例子，並不是要強調我們教育學院做得有多麼成功，其實距離成功差得可遠了，我們還有很多地方需要再加把勁。不過，如果你動手做的話，即使最後失敗或結果不如人意，也能夠學到東西。動手做並不能保證成功，但至少你不會後悔自己沒做，日後徒留遺憾，而這是本章最後要說的一件事。

當你提出：「至少，我們是不是能夠……？」，基本上你是在建議自己或別人嘗試做一些事，無論是嘗試達成某種共識，或是開始做某件事。如果你不提出這個問題，你可能不會開始這些嘗試。我相信，不去嘗試是我們此生最大的遺憾來源，這也是為何我就任院長第二年，畢業演講的主題是「忽略的罪行」。我相信，我們懊悔沒做過的事，往往會像陰魂一樣糾纏著我們，比做錯事還要糟糕。

當然，我不是第一個或唯一一個了悟到這點的人。照顧臨終病患的護士邦妮．魏爾（Bonnie Ware）曾經在她的書中提到，她所照顧的臨終病患，最大的悔恨莫過於沒能追逐自己的夢想：他們未曾嘗試，或不曾開始。

但以我自己最後悔的事來說，倒不是沒能完成什麼夢想，而是與我養母的死有關。

我母親在二〇〇九年八月摔了一跤，臀部骨折。七十一歲的她雖然不算真的很老，但已經生過幾場大病，身體虛弱。摔傷後長達五週的時間，她出現一個又一個併發症。有幾次我雖然懷疑過她沒有得到正確的治療，但也沒有多要醫生做些什麼，或是幫她轉院或換醫生。摔傷後五週，她反覆中風了幾次，最後在醫院辭世。我和姊姊只能握著她的手，眼看著她嚥下最後一口氣。

我身邊的每個人都安慰我說，醫生已經盡力了，我也已經盡力了。但我一直無法釋懷。我不怪醫生，而是怪我自己為什麼沒能再積極一點？我怪我自己，為什麼從來不提出這個想法：「至少，我們是不是能夠聽聽看第二醫療意見？」

就算在聽了其他醫生的意見之後，結果仍是一樣，但不試永遠都不會知道。這件事對我來說很沉重，令我難以負荷。這就是不嘗試的問題所在：如果你不試試看，怎麼會知道結果如何？如果你已經試過了，發現結果真的一樣，那至少你已經試過了，或許還可以得到一點安慰。說到幫助家人和朋友，你最想要的，就是相信自己真的盡了一切所能幫助他們。

我母親的離世是一個悲傷的故事，但我也因此更加相信一件事：嘗試，往往要比結果更重要。我以自身經驗告訴你，每一次你嘗試對人伸出援手、糾正錯誤，或是敢於發言，你的感覺會變得比較好，無論是對自己或對這個世界。

當你採取行動時，雖然可能會做錯，當你發言時，雖然可能會說錯話，但是套句老羅斯福總統（Teddy Roosevelt）說過的話：勇敢去做，就算做錯了，還是比袖手旁觀來得好。萬一你試過卻失敗了，最糟的結果不過就是把失敗的經驗當作笑話來講，但我卻從未聽過關於不嘗試的有趣故事。

嘗試有助於打破僵局，化解各種內外部阻礙帶來的歧見、恐懼、拖延或停滯。「至少，我們是不是能夠……？」可以激發行動。如果你提出這樣的問題，代表你也了解這不是光靠一次對話就可以解決的事，或許再怎麼努力，也不見得會有效，但提出這個問題可以讓你踏出第一步，使你和別人突破起跑線。正如我在本章一開頭所說的，這個問題就是一切進步的核心，也因為這個問題，才有我們家老么菲比，我們家也終於算是完整。

第四題

# 我能夠幫什麼忙？

謙遜地尋求方向，
不只讓人覺得受到尊重，
你也才能真正幫得上忙。

在這世上，很多人都非常樂於助人，有些人甚至以助人為畢生職志，這實在是人類之福。當然，不是每個人都是如此，大多數人都有自私自利的時候。演化生物學家或心理學家告訴我們，人類總是自私的，幫助他人不過是為了讓自己覺得快樂、有自信。然而不管助人的動機為何，還是有不少人願意對同事、家人、朋友甚至陌生人伸出援手。

儘管助人值得讚揚，但幫助別人本身也是有風險的，這與幫助別人可能是出於自私心態這件事有關。例如，有人會因此出現「救世主情結」（Savior Complex），也就是對世界或他人懷有強烈的使命感。這是一種片面的幫助，助人者認為自己掌握了所有答案，知道該怎麼做，而這群需要幫助的人一直在等待救世主出現。

雖然「救世主情結」是一個問題，但幫助別人是人類最可貴的本能，我們絕對不能喪失這樣的善心，失去伸出援手的本能。重點在於，當我們幫助他人時，不要以救世主自居。

所有這些都說明，你如何提供幫助與你所提供的幫助本身一樣重要，這就是為什麼必須先詢問：「我能夠幫什麼忙？」。如果你從這個問題開始，你就是在謙遜地尋求方向。你這麼問，表示你知道對方是他自己生命的主宰，你只是從旁提供協助。

我最近從網路廣播「飛蛾」（*The Moth*）聽到了一個故事，讓我了解到「我能夠幫什麼忙？」這個問題有多麼重要。

在「飛蛾」的節目當中，我們可以聽到來自世界各地的來賓，在節目現場為聽眾述說各種真實故事，我經常聽得入迷。例如，我最近聽到一位八十幾歲的老太太在節目上說，她向來喜歡獨立，也很珍視獨立。她說，就算她年紀一大把，只要行動自如、能夠照顧好自己，她就很開心了。沒想到，她中風了。

她住在紐約市區的一棟公寓，在她住院期間，鄰居為她家做了一些改裝工程，方便她在出院後用助行器出入。起初她大吃一驚，因為她儘管跟鄰居關係融洽，卻不是很熟。但是，鄰居的善意讓她了解到，適度依賴他人也能夠豐富她的人生，尤其是如果她也能夠給予回饋的話。於是，她在門上掛了個牌子，歡迎鄰居進來聊聊。

然後，她告訴大家，她的鄰居有多常過來聊天，並且特別強調，當鄰居對她提供協助時，都會問她可以幫什麼忙，這令她十分感激。她說，這樣的詢問，讓她覺得自己保有獨立和尊嚴。

如果你可以主動詢問：「我能夠幫什麼忙？」，這樣不只能夠令他人覺得受到尊重，你也才能真正幫得上忙。我太太凱蒂就經常詢問這個問題，也注意傾聽別人的回答，這類例子多不勝數，下列就舉兩個例子與大家分享。

## 一個問題，救了一條命

一九九六年，我和凱蒂及一群自行車友飛到非洲進行單車旅行。我們要從肯亞的奈洛比（Nairobi），騎到辛巴威的維多利亞瀑布（Victoria Falls）。這一路，從起點到終點，長達一千六百公里以上，我們整整騎了六週才抵達。這是一趟非凡的旅程，但我們這個團卻是倉促組成的，車友多半是英國人，其中一位已經六十多歲，姑且叫他尼爾森。

尼爾森高高瘦瘦、臉色蒼白，個性有點古怪。他是個圖書館員，長相和舉止與他的職業非常相符。抵達終點維多利亞瀑布的時候，我們住進飯店，打算在吃晚餐時大夥兒一起慶祝。我們去尼爾森的房間，敲敲他的門，要跟他一起去餐廳。他前來應門，我們發現他口齒不清。

車友認為，尼爾森一定是因為剛完成長征，獨自在房裡喝酒慶祝，喝醉了，說話才會這樣。於是，我們就讓他留在房裡休息。不過，在吃晚餐時，凱蒂一直在想尼爾森的事，堅持認為尼爾森真的有點不對勁，所以我們吃完飯後，在回到房間之前，又去看了一下尼爾森。

凱蒂問他：「我們能幫你什麼忙嗎？你看起來怪怪的。」尼爾森還是胡言亂語，說了一些字母和號碼，像是在玩賓果或是唸出書號那樣，但在胡言亂語的期間尼爾森一度恢復片刻清醒說：「我覺得腦袋像是炸開了一樣，太陽穴的地方緊縮疼痛。」

於是，凱蒂送他到附近一家小醫院就診，好不容易才幫他找到醫生。原來，尼爾森得了腦性瘧疾，如果不及時治療，就會送命。醫生嚴肅地告訴凱蒂，要是來得再晚一些，他就活不成了。後來，醫院又叫了直升機，把尼爾森送到哈拉雷（Harare）的大醫院，讓他在那裡接受治療。如果我們當時真的當尼爾森只是喝醉，凱蒂也沒再去問他能夠幫什麼忙，他很可能會在飯店房裡喪命。

## 飽受焦慮症困擾的資優生

另一個例子則沒有那麼驚險，是凱蒂和同事最近處理的個案。凱蒂是專精特殊教育的律師，在哈佛法學院的法律服務社工作。這個單位的業務之一，是根據美國州政府和聯邦政府的法規，幫助貧困學童爭取應得的特殊教育機會。通常，學校官員、醫師或律師，會告訴孩子和家人他們需要什麼，但凱蒂和她的同事則會設法了解這些家庭及孩子究竟需要什麼。因此，他們很常說：「我們能夠幫什麼忙？」

有個孩子來找凱蒂，在此姑且稱他為羅伯特。羅伯特十八歲，已有兩年沒去上學。如果要取得高中文憑，他還得取得很多課程的學分。其實，羅伯特的智商排行很前面，是個很會讀書的孩子，只是他有嚴重焦慮的問題，甚至影響到他的學習和生活。在他更小的時候，因為父親得了嚴重腦瘤，母親必須出門工作，照顧病父的重擔於是落在他的身上，他也就沒去上學了。

校方認為他任意曠課，不想上學，於是勸他輟學，參加高中同等學力測驗。校方認為這麼做是在幫助羅伯特，因為對羅伯特來說，這種測驗很容易，他可以藉此取得高中文憑，再到社區大學就讀，這似乎是個比較容易的解決之道。

但是，凱蒂和她的同事跟羅伯特詳談之後，發現這並不是他的需求。參加高中同等學力測驗，對他的焦慮症一點幫助也沒有。羅伯特的目標更大，他希望能夠完成高中學業，申請四年制的大學。他知道，如果再回到學校念書，自己已經比同學大了好幾歲，或許會有點尷尬，但還是決定要這麼做。

凱蒂和她的同事接下這個案子，他們了解羅伯特不去上學，主要是因為焦慮症。凱蒂幫他找到一間小型公立高中，他們一起說服校方人員了解，羅伯特之前曠課，是因為他的焦慮症。這間學校專收有情緒障礙的學生，羅伯特就讀的第一年，每一科都拿到優異的成績A，並且即將順利畢業。這一切都源於凱蒂和同事問道：「我們能夠幫你什麼忙？」，他們用心傾聽羅伯特的需求，並且尊重他的決定。

## 因為你願意聽我說

凱蒂出於直覺提出這類問題，我則是從經驗得知這個問題有多麼重要。教我這一課的人，是來自非洲喀麥隆的一個記者，名叫派翠克。那時，我在紐澤西紐華克（Newark）一家法律事務所執業，那家法律事務所名叫克朗密．戴爾．狄歐（Crummy, Del Deo）。「克朗密」是其中一位合夥人的姓氏，很不幸地，這個單字在英文的意思也是「爛貨」，所以令人印象深刻。

我們事務所有一筆用於公益法律服務的經費，讓像我這樣的實習律師提供義務法律服務。這是很棒的任務，因為我可以挑選自己最有興趣的案子，而派翠克的案子激起了我的興趣。

派翠克當時正在尋求政治庇護。派翠克本來在喀麥隆的國營電視台工作，他在報導選舉結果時，勇於揭露政府作票的卑劣行徑，等到他回到辦公室時，警察已經在等他。他遭到逮捕，在獄中被關了好幾個月，飽受酷刑。有幾次，他差點就沒命了。後來，他母親賄賂獄警，在三更半夜偷偷放他走。

派翠克離開喀麥隆之後，在各大洲流浪，最後持假護照，想要進入美國。海關官員就他的護照提出質問，派翠克承認護照是假的，雖然他解釋，他是為了政治庇護才來美國，但還是遭到逮捕，被送到紐華克的偷渡客拘留所。

有一個人權團體得知派翠克的遭遇，於是把他的案子送到我們事務所，由我承辦。我知道，要符合政治庇護的條件，申請人必須提出實質理由，證明自己確實有遭受迫害的恐懼。於是，我和派翠克訪談，想要蒐集事實，好為他申請政治庇護。結果，審查的時間很長，這個案件的進展就像冰河移動一樣緩慢。漫長的等待，讓派翠克變得愈來愈絕望，儘管我認為我們已經有點進展，派翠克仍然覺得離重獲自由之日遙遙無期。

有一次，我跟派翠克進行訪談，他對我提出的問題只用三言兩語搪塞過去。我說，他似乎灰心喪志，最後我問道，我能夠幫他什麼忙？他說：「我好想離開這個地方。我努力了這麼久，浪跡天涯，最後還是被關在監獄，這太折磨人了。」

我知道他不想被拘留，任何人都不想，但我認為如果他想要獲得政治庇護，這只是一時的小小代價。但派翠克說的話讓我感到震驚。為了讓派翠克離開拘留所，我進一步研究庇護程序，發現申請者在等待召開政治庇護申請聽證會時，如果能夠找到寄宿家庭，就可以離開拘留所。

不過，我和凱蒂當時住的公寓很小，孩子也才剛出世，實在無法再多住一個人。幸好，我有個好心的同事，願意讓派翠克借住她家，因此我先把他的申請案放在一旁，設法把他從拘留所給弄出來。

幾週後，拘留所同意放人，派翠克就住在寄宿家庭。接下來，我們繼續準備聽證會，而此時我也終於意識到，應該由派翠克講述自身的遭遇。由他自己來說，會比我為他陳述要來得好。於是，派翠克便在我同事的專業協助之下，在聽證會上說出自己的故事。

後來，派翠克終於獲得政治庇護，不久就在紐澤西找到一份不錯的工作，開始在美國的新生活。幾年後，派翠克捎來喜訊，說他要結婚了，邀請我當他的伴郎。回想起他的婚禮，我不由得淚眼盈眶。後來，我問他，為什麼他要找我當伴郎？他說：「因為你是我在美國的第一個朋友，你願意聽我說。」

## 正視問題，解決問題

探詢自己能夠幫什麼忙，也可以促使別人發現問題、把問題說出來，並且坦誠面對自己的問題。這其實不容易做到，但可以理解為什麼。正如醫師作家葛文德（Atul Gawande）在《凝視死亡》（*Being Mortal*）一書中描述，癌末病人往往不知道要選擇哪種醫療和照護方式才好。直視自己即將死亡的事實已經很難，而醫師也自然想要救活病人，因此醫病之間，很難就如何善終進行真誠的討論。

但正如葛文德醫師指出，癌末病人和他們的家屬，最需要別人以真誠和同理心來引導他們。我在閱讀這本書時想到，如果醫師在提出各種可行的治療之前，也可以問問自己能夠幫什麼忙，或是提出這樣的問題：你想要怎麼做呢？如果生命只剩下幾個月，你希望如何度過？你想要如何做決定？你需要什麼樣的訊息？還希望聽聽看誰的意見？

當然，不是在生死攸關的情況之下，主動詢問自己可以幫什麼忙，也一樣管用。提出這樣的問題，你其實是在邀請對方重拾對自身問題的主導權，所以這是一個可以用來詢問朋友、家人和同事的好問題。我發現，孩子和年輕人也很能夠接受這個問題。

我在大學畢業後、上法學院之前的冬天，曾在科羅拉多州一間兒童滑雪學校工作。由於我沒有教練資格，大部分時間都在室內幫忙，只有當教練都不在的時候，才會到室外指導初學者。在室內時，我負責做餐點，幫忙孩子穿脫滑雪裝備，或是幫他們擦鼻涕、找手套，並且設法讓緊張的家長和孩子感到安心。

我準備很多熱可可給他們喝。有些孩子很小，不免心懷恐懼。多年後，當我教自己的小孩滑雪時，也發現他們很害怕。在滑雪學校，我們會盡力協助孩子，我們會提出一個又一個建議，告訴孩子們如何讓自己輕鬆一點。

雖然大多數的建議都有用，但有時這些建議卻會使孩子更加焦躁不安，似乎我們提供的建議只是愈幫愈忙。我記得，有個七歲的小男生特別難纏。午餐過後，他一直躲在屋內，不肯出去上滑雪課。無論我提出一個又一個的建議：來，我們綁好雪鞋、戴上手套、戴上護目鏡、繫上圍巾，他就是抵死不從。最後，在無計可施之下，我只好問他：「好吧，這些建議都沒用。或許可以請你告訴我，我能夠幫你什麼忙？」

沒想到，這個問題讓他愣住了。他左顧右盼，小聲地說：「我還是很餓。」於是，我幫他做了一份花生醬加果醬的三明治給他吃，然後坐在他的身邊陪他，看他吃得津津有味。看來，他的午餐真的沒有吃飽，但我覺得他心理上也需要休息一下。當時我沒有預料到他會有這種反應，但透過詢問「我能夠幫你什麼忙？」，讓他得以正視自己的問題，好好想想到底是什麼問題困擾著自己。

## 有時，其實只需要傾聽

對於學習困難或不快樂的學生來說，這個問題很有幫助。身為父母師長，我們總是盡力幫孩子或學生解決各種大大小小的問題。常常，我們以為自己知道如何解決問題，所以就會對孩子提出一大堆想法。但是，有時你提出的解決之道，只是加深孩子的焦慮，他們根本不肯聽，就像滑雪學校那個小男生一樣。

有時，如果你只是耐心地聽他們抱怨，等他們說出心中憂慮，再問你能夠幫什麼忙，就能夠打開對話的死結。我的孩子聽到我問，我能夠幫你什麼忙時，經常會停下來思考。他們在想：我是否真的能夠幫助他們？怎麼幫忙？最後，雖然他們幾乎總是說，我其實什麼也做不了，但是聽到他們這麼說，表示他們已經找到問題所在。簡單來說，他們需要的是稍微發洩一下情緒、獲得同情，然後自己想出解決方法。

可想而知，當然不只有孩子需要發洩一下情緒。我表妹崔西是個既風趣又聰明的人，她告訴我，有天她上完一整天的班回到家，跟她男友提及當天受到的挫折。她男友還沒聽完，就急著提供主意，告訴她應該怎麼做。男友這樣的舉動讓她覺得很抓狂，她告訴我：「我不需要他幫我解決問題，我只希望他好好聽我說就好，了解我這天過得有多辛苦。」

當你問朋友、家人或同事，你能夠幫什麼忙時，你並不是在藉著提出具體建議解決他們的問題，而是代表你了解他們遇到困難，也讓他們知道，如果需要，你隨時可以伸出援手。這麼問可以展現出你的同情心與同理心，表示你能夠感同身受，而他們要的常常只是這樣。換句話說，有時只要你主動問一下要不要幫忙，其實就已經幫了大忙。

最後，如果你詢問自己能夠幫什麼忙，那你就是在一個更平等的基礎上與對方進行對話、建立關係。因為你願意提供協助，別人也很可能給你回報，藉由提出這樣的問題，你可以知道別人的情況，進一步了解他們的生活，從而建立互惠的關係。

## 折翼天使教我的事

在我上法學院之前，除了到科羅拉多州的滑雪學校工作，我也到肯塔基州鄉間一個天主教組織擔任幾個月的義工。我想，在阿帕拉契山區，我可能必須挨家挨戶敲門，詢問是否有可以幫得上忙的地方。我忘了當初想當義工的動機，或許是有點基於「救世主情結」吧！

回想起來令人難為情，但我想十九歲時的我相信，儘管沒有什麼相關經驗，不過我應該有能力可以以某種方式幫助阿帕拉契山區的窮苦人家。

沒想到，神父沒要我挨家挨戶探訪，而是要我到殘障兒童之家幫忙。那裡的孩子都很小，但是都得了嚴重的疾病，幾乎活不到成年。其中一個是天真活潑的唐氏症少女，在此姑且叫她欣蒂。

這個殘障兒童之家，是一棟單層的長方形房屋，像度假農莊一樣乾淨、明亮、舒適。我一走進去，欣蒂就走向我，握著我的手說：「你好帥喔！」我想說幾句俏皮話回應，嘴巴卻笨得可以，但欣蒂還是說：「你實在很好笑耶。」從此，每天早上，我一踏進這個地方，欣蒂都會握著我的手，稱讚我。

我一整天都在那裡照顧病童，幫他們洗澡、穿衣服、餵他們吃飯，或是跟他們玩遊戲。在那間殘障兒童之家服務的員工沒幾個，他們都很感謝我來幫忙，也很有耐心教我。大部分的工作都不難，但有一個小男孩是靠鼻胃管進食，那條管子必須經常清洗。有個員工教我怎麼沖洗，但我第一次做，不免有點緊張，害怕傷到孩子。欣蒂看我笨手笨腳的，就過來接手幫忙。我看著那個員工，用表情問她，可以嗎？她露出微笑，點點頭。於是欣蒂接手，熟練地沖洗管子，一邊告訴我這很簡單。

從那時起，我發現欣蒂和其他員工一樣，也知道如何幫助其他孩子。她知道他們喜歡吃什麼，要洗澡或換衣服的時候，應該怎麼把他們從輪椅上抱起來比較舒服，還會幫他們梳頭髮，也知道他們喜歡聽什麼歌。就這樣，她成了我的小老師。由於那些孩子不能說話，我無法詢問怎樣才能幫助他們，但我可以問欣蒂，或是照她說的去做。

那裡有個小寶寶，特別惹我憐愛。她叫蘇西，未滿兩歲，有著湛藍色的眼珠、可愛的酒窩、柔細的金髮，充滿善意的笑容。蘇西因為脊椎受損，無法坐直，還有耳聾的問題。她是個安靜的小寶貝，但如果你看著她，她也會目不轉睛地看著你，好像在研究你的臉。

我不知道我能夠為蘇西做什麼。一天早上，欣蒂看到我站在蘇西的嬰兒床旁，於是走過來，拉著我的手，帶我去握蘇西的小手。然後，蘇西牽著我的手，一面微笑，一面用我的手撫摸她的臉頰。欣蒂笑著說：「她就是喜歡這樣。」

與其說我在那裡幫忙，倒不如說我在那裡學習。雖然這並非我到殘障兒童之家當義工的初衷，不過我真的學到很多。我在那裡學到，絕對不可以低估這些殘障兒童，像欣蒂就教我很多，如果她不教我，光靠我自己是學不會的。她不只是我的小老師，也是我的好朋友。我還從病童與工作人員身上學到一點：就算是人生悲劇，也有小小的快樂。殘障兒童之家的每一個孩子都有令人心碎的故事，但那裡不是悲慘的所在，而是一個充滿愛和溫暖的大家庭。

或許最重要的是，我學會了接受與謙卑。我能逗那些孩子開心、幫忙餵他們、照顧他們，但我能做的也差不多就是如此。我和那裡的工作人員都無法改變他們的人生，那裡的所有人都做不到。於是，我依照欣蒂的指示，把握每一天、每一刻與每個孩子相處的時光。我試圖給他們一些安慰，也盡力提供一些歡樂。

## 啟動愛的循環

我好不容易才學會這堂課，獲益良多，終生難忘。因此，在我和凱蒂結婚時，我請我的朋友羅傑在婚禮上為我們朗讀羅伯特．佛洛斯特（Robert Frost）的詩〈春禱〉（*A Prayer in Spring*）。羅傑當初跟我一起到肯塔基州的殘障兒童之家當義工，在肯塔基州，我初次讀到這首詩時，深刻覺得這首詩所描述的，就是我從欣蒂和那些孩子身上學到的。

這首詩的開頭是：

喔，且以今日繁花賜予我們喜樂，
別盡是想著那些遙遠、未知的收穫。
且讓我們在此沉浸，
在這躍動之春。

接著，佛洛斯特描繪果園、蜂群、鳥兒疾行之美，要我們好好享受這些，在最後一段寫道：

因為這是愛，唯一的愛，
上帝聖化之愛，
此愛無遠弗居，
只待我們去實現。

這首詩告訴我們，人生最重要的，就是抓住那稍縱即逝的美。我的經驗告訴我，如果你願意幫助別人，也願意讓別人幫助你，你將體會那稍縱即逝的美，就像佛洛斯特說的：「因為這是愛，唯一的愛。」

這就是為什麼「我能夠幫什麼忙？」是人生重要的基本問題，這個問題是所有良好關係的基礎。你會這麼問，表示你很關心，也願意幫忙。你會這麼問，代表了你的尊重和謙遜。今天，你幫別人忙，很可能以後換別人幫你忙；最後，受惠的還是你自己。

第五題

# 真正重要的是什麼？

**掌握事情核心，**
**了解自己的決心、信念與目標。**

第五個問題就是：「真正重要的是什麼？」，這也是本書的最後一問。當你和同事開會討論時，這個問題會是很好的指引。當你面臨人生的重大決定、不知道該如何是好時，這個問題也可以幫你做出決斷。

不管在職場或學校，你可以藉由這個問題掌握事情的核心，了解自己的決心、信念與目標。這個問題可以幫助你區分什麼是真正重要的事，什麼是無關緊要的事，然後傾全力在重要的事情上面，避免為了細微末節浪費力氣。

現在回想起來，在我們家老二山姆出生那天，我們真該好好問自己這個問題。雖然這是個警世故事，所幸，結局是好的。我保證，這是本書最後一個跟生產有關的故事。

凱蒂在懷山姆的時候，已經聽很多人說過，第二胎會生得比較快，產程通常會比較短一點。凱蒂生第一胎的時候，也就是我們家老大威爾時，整個產程拖了很久，痛得她死去活來，所以第二胎產程比較快對凱蒂來說是個好消息。

## 從家裡到急診室

一九九八年十一月二十九日凌晨四點，凱蒂因為陣痛痛醒，我知道我們必須趕快準備到產房報到。那一晚，凱蒂的友人剛好在我們家過夜，而她剛好是婦產科醫師，她要我們立刻開車到醫院。但凱蒂責任心重，擔心我們養的狗兒、貓咪和兩匹馬會餓死，所以在幫牠們準備好食物之後才肯離開。行前她又決定，她必須先沖個澡再出門。

我們終於上了車，凱蒂的陣痛間隔已經很短，也愈來愈痛。我像個瘋狂賽車手般在路上急馳，差點撞上一頭鹿。當車子開到醫院門口時，凱蒂真的要生了。只能說，我當時真的沒有想清楚，否則我現在也無法解釋，為何我不是把車子停在急診室的門口，而是把車子開到訪客專用的戶外停車場。那時天還沒亮，停車場的柵欄是升起的，沒有收費員駐守管理。我想，如果現在進去停車，由於沒有人看守，所以沒有辦法拿到停車票，不能證明我們是在何時停車的；這樣一來，等到要付停車費的時候，恐怕會跟少了一塊肉一樣痛。好了好了，我知道，我真的笨死了。

於是，我決定把車子開出來，從另一個入口進去，結果那裡的柵欄一樣是升起的，也沒有收費員。這時，凱蒂已經斬釘截鐵地說：「我現在就要生了！」我只好不管三七二十一，把車子停進去。我實在很想勸她：親愛的，再忍耐一下吧！現在生真的不好。

總而言之，我終於停好了車，開始扶凱蒂下車。她重複說了一次，她馬上就要生了，而且又說她非常確定自己再也走不動了。由於我開的是速霸陸（Subaru）掀背車，我想我可以把尾門拉起，讓後座成為可平躺的空間，讓凱蒂躺在那裡，再把車子慢慢開到急診室。急診室距離我們只有五百碼，但看起來卻那麼遙遠。

最後，我把車子停在停車場的上層，扶著凱蒂走下樓梯。當我們快走完樓梯時，凱蒂說，她得躺下來休息一下：就在急診室對面的人行道上！我只好大聲求救。幸好，醫院裡有人聽到我的叫聲，推輪椅過來。

凱蒂一邊忍受坐輪椅的顛簸，一邊避免山姆真的蹦出來。此時，我又不知道是哪根筋不對，竟然說：「至少，寶寶沒有卡住。」進入急診室之後，服務處的人員跟我們問好，說我們需要「檢傷」，也就是到檢傷站確認凱蒂是不是真的要生了，才能到產房報到。

我們保證，凱蒂不是假性陣痛，她真的快痛死了！但服務處的人員一直跳針說：「每個病人都必須去檢傷。」儘管她語氣溫柔，但還是有一點威脅的意思，讓我想起電影《飛越杜鵑窩》（*One Flew Over the Cuckoo's Nest*）裡的護理長拉契特。要是有人敢招惹這位護理長，通常都沒有好下場。於是我跟凱蒂說，我們還是趕快去檢傷吧！

## 從急診室到產房

在檢傷站我們遇到倒楣的值班住院醫師，完全不知道情況有多緊急。他一面問候正在尖叫的凱蒂，一面幫她檢查。他一看，嚇了一跳：「哇！我幾乎可以看到寶寶的頭了。真不敢相信自己的眼睛。」他停頓了一下，看我們是不是也嚇了一大跳，然後說道：「我想，我們現在可能必須送妳到產房。」

幾分鐘之後，我們和那位住院醫師，還有一位護士到了產房，那位護士顯然要比住院醫師有經驗。十分鐘之前，凱蒂就已經快要生了，現在寶寶隨時都可能呱呱墜地。儘管寶寶已經準備好降臨人世，但那位住院醫師還在手忙腳亂。他看著護士，列出一堆他接生可能需要的東西，包括：「我需要護目鏡。」

護士不可置信地看著他。「喔！還有鞋套。」也就是套在鞋子外面的藍色或綠色布套。「還有，請再幫我準備一些水，我要喝的。」此時，護士挑起眉毛，對我使了個眼色。我收到暗示，就跟那位住院醫師說：「寶寶快滑出來了！拜託，快幫凱蒂接生吧。」

就在這一秒，護士立刻表示，主治醫師就在隔壁。於是，那位住院醫師說：「我想，我們還是請主治醫師過來會診吧！」主治醫師馬上過來，走到凱蒂身旁，花了兩分鐘時間檢查，問她：「妳準備好了嗎？」凱蒂說：「快點，老娘忍不住了！」五分鐘後，山姆來到人世。

現在回想起來，凱蒂那次生產，實在是烏龍一籮筐。如果我們問：「真正重要的是什麼？」，至少可以避免一些錯誤。對凱蒂和山姆來說，唯一重要的事就是順利生產，母子均安，但每個人都浪費寶貴的時間在無謂的事情上。

餵馬和洗澡雖然是每天都得做的事，但不是在臨盆之際該做的事。要省停車費？雖然節儉是美德，像我父親就以節儉為人生最高指導原則，但是老婆就要生了，這個美德在此刻就不是那麼重要。話說回來，急診室的檢傷規定比較重要，還是及時接生比較重要？同樣地，在接生之前，先把鞋套套好是個不錯的做法，但是碰到急產的時候，分秒必爭，哪還有時間套鞋套？

這次的教訓告訴我們，我們很容易忽略最重要的事情。我們可能會被例行做法牽著鼻子走，不知道該如何變通。我們或許因為對自己的能力缺乏信心，而把焦點放在微不足道的事情上，不願意面對真正的挑戰。我們可能因為壓力大而分心，或是難以集中注意力。不管是哪一種情況，記得詢問自己「真正重要的是什麼？」，可以適時把自己拉回來。如果你能夠這麼做，就能夠跳過瑣事，鼓起勇氣，面對困難的工作。如此一來，你才能保有冷靜的頭腦，想清楚真正重要的事情究竟是什麼。

幸好，山姆平安出生，而他出生的故事也成了一則趣事。不過不能否認的是，凱蒂和我的岳父母花了一點時間才了解我們愚蠢行為裡的幽默：好吧，是我的愚蠢行為。山姆出生後不久，我和凱蒂談了幾次，我說：「你至少得承認我找便宜停車場這件事有點好笑，對吧？」

## 釐清問題，掌握狀況

不管在職場或在學校，問道：「什麼才是真正重要的事？」，一樣有助於自己和別人釐清問題、掌握狀況。這個問題可以防止你陷入無關緊要的細節，專注在需要完成的要事上。就像那位呼叫主治醫師前來的護士，或是主治醫師本人，他們都知道如何當機立斷。碰到狀況之時，他們必然在想：「真正重要的是什麼？」

或是以我的前上司、首席大法官芮奎斯特為例，他總是能夠掌握問題的關鍵。

正如第一章所述，我從法學院畢業之後，隨即在芮奎斯特大法官底下當了一年的書記官。除了我，還有兩名書記官，我們三人一起幫大法官準備口頭辯論的資料。我們必須先詳讀雙方律師遞交上來的簡報，及「法院之友」（*amicus curiae*）提交的意見：法院之友是訴訟兩造之外的臨時法律顧問或宣導團體，基於善意和專業，提醒法院應當注意某些問題。總之，光是一件案子，書面資料就多達好幾百頁，書記官和大法官都必須詳讀，以進行長達一小時的口頭辯論。

大多數法官都會要求書記官為他們準備備忘錄，列出事實摘要、歷審程序，以及兩造律師和法院之友的簡報要點，還要加上自己的分析和建議提問。大法官在庭上審理案件時，都很依賴這樣的備忘錄；可想而知，我們這些書記官必須花時間全力準備。

不過，芮奎斯特大法官卻不要求我們幫他準備這麼一份書面備忘錄，這是為他擔任書記官獨特又美好的回憶之一。相反地，芮奎斯特大法官要求負責案子的書記官跟他邊走邊討論。這種做法沒什麼問題，只是時間不定，我們不由得繃緊神經，因為不知道何時會被大法官叫去（對我來說，我很有可能會在美國首席大法官的面前表現得像個呆瓜。）我們知道大法官一定會找我們去談，只是不知道是什麼時候；反正，當桌上的電話響起，我們就得「從容就義」了。

我們會在最高法院附近的街道繞圈子。最高法院是一棟巨大的白色大理石建築物，就在美國國會山莊的正後方。這樣的散步證實最高法院的大多數大法官都默默無聞，我們不知道在那一帶繞過多少圈了，但都沒有被認出來，包括芮奎斯特大法官本人也一樣。只有一次例外，我們恰巧遇上了《紐約時報》（*The New York Times*）負責跑最高法院新聞的琳達．葛林豪斯（Linda Greenhouse）。

每次散步，我們都會遇到打從那裡走過的觀光客，當然他們從未認出大法官本尊。記得有一次，我們碰到一大群來這裡校外教學的中學生，這群小毛頭很吵，大法官跟帶隊老師說，請他們不要占據整個人行道。沒想到，那個老師賞他一記白眼，好像在說：死老頭，你也太多管閒事了吧！我不禁莞爾一笑，心裡想著：要是她知道這個死老頭是何方神聖的話。

我們通常會走個二十分鐘，討論案情和即將舉行的口頭辯論。大法官會先問我們對這件案子的看法，再提出問題。他的問題總是一針見血，正中核心。我們總會針對重點討論，不會浪費時間在無關緊要的庭審細節。由於每個人的觀點不同，對問題的見解自然會有差異。我還記得，大法官時常說：「等等，你說什麼？你真的這麼想的？你不是在開玩笑吧！」但毫無疑問地，他問這些問題都很到位，跟史蒂文斯大法官口頭辯論提出的問題如出一轍。

## 工作不是人生的全部

芮奎斯特大法官擅長從眾多資料中抽絲剝繭，很快就能找出關鍵，這也是為何他過去是個出色的律師，進而獲選擔任首席大法官的原因之一。他經驗老道，不像我和凱蒂在急診室碰到的那位住院醫師。我在當他的書記官時，他已經在最高法院任職了幾十年，有很多機會能磨練他的問案技巧。他的才華，加上豐富的經驗，使他得以從案件中洞察什麼是最重要的事。

然而，他的心態也很重要。芮奎斯特大法官對人生的態度跟他審查案件一樣。顯然，他已經深思熟慮，知道自己人生最重要的事有哪些，所以他不喜歡浪費時間。在擔任他的書記官多年後，我讀到歐巴馬政府的財政部長提摩西・蓋特納（Tim Geithner）寫的一本書。書中的一段話，讓我想到芮奎斯特大法官。

無疑，蓋特納必須出席一大堆會議，有些會議很重要，有些只是為了露個臉。於是，他養成一個習慣，每次參加別人召開的會議，他會先問：「這是真的會議，還是為了做做樣子？」蓋特納後來反省說，他覺得自己沒耐心，但我覺得他提出的問題雖然好笑，卻也非常正確。他重視的是任務是否達成，而非作秀，芮奎斯特大法官也是這樣的人。

我想，芮奎斯特大法官討厭浪費時間，是因為他的嗜好和興趣太多了，包括地理、歷史、吉爾伯特（W. S. Gilbert）和蘇利文（Arthur Sullivan）的輕歌劇、游泳、氣象學、大學美式足球賽、網球、繪畫、寫作等。即使他已肩負起世上最艱難、最重要的工作，還是會設法留時間給自己的興趣和家人。他認為，公職只是他人生的一部分，這個部分再怎麼重要，也不是人生的全部。因為他想做的事情很多，他知道自己一丁點時間都不能浪費。

## 重視效率，你才能有更多時間

二〇〇八年，我到維吉尼亞大學去聽蘭迪．鮑許（Randy Pausch）教授的演講。鮑許所言，也讓我想起芮奎斯特大法官。

鮑許教授是卡內基美隆大學（Carnegie Mellon University）的電腦科學家，他在四十六歲那年（二〇〇七年）得了胰臟癌，而且是末期。在診斷結果出來之後，鮑許應卡內基美隆大學之邀，上了一堂名為「最後的演講：如何實現你兒時的夢想」（The Last Lecture: Really Achieving Your Childhood Dreams）的課。後來，這堂課的內容衍生成一本暢銷書，他到維吉尼亞大學演講，講的就是這本書。

我本來以為，這會是一場富含哲思的演講，鮑許將從直視死亡的觀點，探討生命的意義。沒想到，鮑許說的是如何節省時間、提高工作效能。他認為，我們必須重視工作效率，才有時間做工作以外的事，像是跟家人和朋友在一起、享受嗜好、做自己有興趣的事等。

鮑許是個不可知論者，主張實事求是，不想把自己的價值觀強加在聽眾身上。但是他建議我們多想想：真正重要的事情是什麼？經常自問這樣的問題，可以幫助你建立一套有用的策略，知道如何掌握時間，完成重要的事。雖然一開始我對這樣的演講內容感到失望，但後來我逐漸意識到這些內容的深刻含意，這讓我更加欣賞芮奎斯特大法官的作風。

你不必是美國首席大法官，也能從這個思辨過程中獲益。我父親雖然沒有當過大法官，但是他知道，對他而言，真正重要的就是家人，這就是他人生的指導原則。他工作，是為了讓家人過好日子，而不是他特別喜歡這份工作。我還記得我曾經告訴他，將來我想找一份自己真正喜愛的工作。他搖搖頭，笑我太天真，說道：「孩子，工作之所以稱為工作，不是沒有原因的。」他下班後，幾乎都待在家裡照顧我和姊姊，參加姊姊各式各樣的活動，也想教我一些居家修繕的技能，像是安裝插座。但是，我笨手笨腳的，老是被電，最後就放棄了。

我父親也花很多時間，在我們家後院跟我一起打棒球。從春天到夏天，我們老是玩在一起，他擊球，我負責接球，有時候給我一些建議。有一次，我誤判球的方向，臉被球直接打中，掉了一顆牙。我爸只是說：「沒關係，那顆牙齒給我，你再跑回去守備。」回到家時，我媽有點嚇壞了，他說：「那是乳牙，遲早會掉的。」

隨著年紀愈來愈大，他也變得更多愁善感。例如，在出席畢業典禮或婚禮的時候，儘管不多話，我們仍然能夠看出他內心澎湃。在他親眼看到我領取大學畢業證書那天，他的淚水在眼眶裡打轉，半開玩笑地說道，我應該多少從後院的棒球練習學到什麼了吧。他會這麼說，是因為他遺憾自己未能上大學，但很高興能夠幫助我完成高等教育。

後來，我從法學院畢業、開始新工作，或是立下生涯的里程碑時，他總會搬出那個關於棒球的笑話。一九九七年，我爸過世的前一年，我獲邀到維吉尼亞大學法學院任教。那時，我和凱蒂還是新手父母，我打電話告訴爸媽這個好消息。我爸又說，我小時候跟他在後院練習打棒球，必然學到很多、畢生受用，這讓我想到我的兒子威爾。

我沒有像以前那樣，對我爸的話一笑置之，這次我很真誠地對他說：「爸，我真的從你那裡學到很多。如果我知道如何做一個好爸爸，都是你教我的。」我很想繼續說下去，但是他已經有點哽咽，急著把話筒交給我媽。沒想到，我之後再也沒有機會跟他這麼說了。

## 人生最重要的四個面向

像我爸這麼重視家庭的人並不罕見，很多人如果自問：「在這世上，真正重要的是什麼？」，都會把家庭納入其中。其實，在我提出這五個人生最重要的問題當中，最後一個和其他問題有點不同，至少從表面上來看，答案比較容易預測。我猜，一般人的答案不外乎下列這幾項：家庭、朋友、工作，當然也有人把善行當成是真正重要的事。

我會這麼說，是因為我從期刊和報紙讀了不少悼文或訃聞，也從這些文章追思逝者的功業與人生。二〇〇一年九月十一日，紐約世貿中心雙塔慘遭恐怖分子攻擊之後，《紐約時報》刊出一篇又一篇死者的故事。我仔細拜讀了每一篇，為之動容。多年來我一直跟朋友說，有線電視應該製播一個葬禮頻道……我好像有點離題了。

言歸正傳，我發現，每篇悼文都涵蓋四個部分，亦即家庭、朋友、工作和善行。當然，悼文可能有些是溢美之辭，但是客觀的評論本來就不是這種文類的特色。如果你讀得仔細，就會發現作者所舉的例子都是信手拈來或費盡巧思。但無論如何，我發現幾乎每位悼文作者都會從這四個部分來追述逝者的事蹟；由此可見，那些作者都認為，這就是人生最重要的四個層面：畢竟你不會花很多心思談論你認為不重要的事。

就算我們已經知道答案，並不表示「真正重要的是什麼？」這個問題沒有意義。人生還有許多面向，不只是這四個。更重要的是，你仍然需要在這幾個比較大的範圍中，找出對自己最重要的事。換句話說，就你的工作、家庭、友誼等層面來說，只有你自己可以決定什麼才是真正重要的事。如果這幾個層面有所衝突，比方說，當你發現工作和家庭無法兼顧時，你必須設法在工作與家庭之間找到平衡。

自問：「真正重要的是什麼？」，是檢視人生的一個好方法。每年新年，這也是一個拿來問自己的好問題。如果你跟我一樣，新年都會立志要做點什麼，但總是虎頭蛇尾，也許改問自己：「真正重要的是什麼？」會是一個不錯的策略。重點是，除了找出對你而言真正重要的事，還要仔細想想：什麼事你已經做得不錯？什麼事情能夠做得更好？還有你為什麼會這麼判斷。

比方說，我一直在想，要怎麼做才能變成一個更好的丈夫、更好的父親、更好的朋友，以及更好的同事？當我爸媽在世之時，我也曾努力思索，如何成為一個更好的兒子？說實在的，我還不及格，所以必須不斷地問自己，我該如何改進？

## 我的母親

最後，我要以我的養母為例，解釋家庭對於人生的重要性。我知道我媽是我生命中最重要的人，但是我花了很長的時間，才了解對她以及對我們母子而言，什麼才是真正重要的事：那就是寬恕。

在我兒時，我媽曾有酗酒的問題。有句話說：「一時酒鬼，一世酒鬼。」很多人都這樣，但我媽戒酒之後，從此滴酒不沾，所以這句關於酗酒的格言不能夠套用在我媽身上。

不過我媽曾離開家一陣子，才成功戒酒。

在我七歲那年，我爸說服我媽去戒酒中心住一段時間，接受治療。戒酒中心的收費很貴，我爸沒有那麼多錢，因此向我媽的舅舅借錢。我媽去那裡住了半年，我爸於是父兼母職，負責照顧我和我姊。

那時是一九七〇年代早期，大多數家庭都是男主外、女主內，像我爸這樣的家庭主夫真的很少見。再者，由於家裡窮，請不起保母，所以當時我們家的狀況有點搖搖欲墜。

我依稀記得那時的情景。我和姊姊每天早上五點半就得起床，我爸會送我們到鄰居家，這樣他才能夠準時在六點半上班。我們姊弟倆和鄰居家的五個孩子一起吃早餐，吃的是奶粉沖泡的牛奶加上穀物片，上學前如果還有一點時間，我們也不准看電視。我還記得，我媽給我寫了很多很有創意的信，像是先在紙上畫畫，然後利用背後寫信，或是用一張剪成圓形的紙，從中心點開始，一圈一圈地寫，最後形成一個螺旋文字圈。

有一次，我參加棒球比賽，非常希望她能在現場看我表現。還有一次，鄰居送我去參加夏令營，我看到她指著我，跟輔導員解釋我們家出了什麼狀況。我記得我哭了，因為在此之前，我媽未曾離開過我們。有一個週六，因為爸爸要去看媽媽，就把我們送到爺爺家。那天是秋季新卡通的首播日，爺爺家又沒有電視，所以我們都不想去。我清楚記得媽媽回來的那天，我們一起慶祝這個可喜可賀的日子。

多年後我才明白，我媽回家之後，一直很想彌補那半年不能陪伴我們的遺憾。她就像我爸，對我和我姊的照顧真的無微不至。我們家很傳統，她一直是家庭主婦，直到我姊姊上大學，因為必須幫忙付學費，她才外出上班。

我媽很有愛心、聰明，而且有才華，什麼派、什麼蛋糕都難不倒她。親友都說她做的甜點是傳奇美味。每一年，她都會親手為我們縫製萬聖節服裝。我們身上的毛衣、圍巾、手套和帽子，都出自她的巧手。她也會刺繡，而且，每週她總要讀上兩、三本推理小說，《紐約時報》週日版的填字遊戲，她在一個小時內就可以填完。

我們練習打球或參加球賽，她一定會開車載我們去，從未缺席過任何一場比賽。我有些朋友都認她做乾媽，她對這些乾兒子們也都瞭如指掌。

我和姊姊上大學之後，她會不時寄愛心包裹給我們，或是來看看我們。如果我們回家過節，不管到多晚，她都會陪伴我們；但是一早，我們要回學校時，她還是早早起床，跟我們擁抱、道別。她也是我孩子和外甥女摯愛的奶奶。正如我前面說的，她已經滴酒不沾。對我來說，她在我小時候離家戒酒的往事，很快就成了模糊的回憶。

但是，我媽卻永遠也忘不了。我後來才知道，她為了這件事一直耿耿於懷。在我和凱蒂結婚那天，當大多數的賓客都還沒到場時，她把我拉到一旁，說有話要對我說。我看得出來她很緊張，但我不知道為什麼。然後，她說，在伴郎舉杯祝賀之時，每個人手上都有一杯香檳。我還是聽不懂她的意思，所以有點不耐煩地問，她到底想要說什麼？這時，她才囁囁嚅嚅地說：「我想知道，如果我跟大家一起舉杯、喝一小口，不知道你會不會反對？」

我立刻表示：「媽，當然沒問題啊！」又說：「這種事妳不必問我啦。沒關係的。真的。妳別放在心上，好不好？」

我給她一個擁抱，但我還是覺得她有點怪怪的。她怯生生地說：「好，謝謝。」但是，她好像僵住了。

然後，我突然了解她真正想問的是什麼，而這個了悟讓我心頭為之一緊。於是，我看著她，對她說：「媽，我已經原諒妳了。」我解釋，我不知道自己是否真的曾怪過她，如果真是這樣，我應該老早就已經原諒她了。我說，對不起，我應該讓妳早點知道這件事。我要她安心，自從她從戒酒中心回來後，已經是個十全十美的好媽媽了。後來，我們在婚禮上舉杯慶祝，顯然，杯子裡裝的是不是香檳已經不重要了。真正重要的是，我媽終於知道，我已經原諒她了。

我很想對各位說，讓你所愛的人知道你原諒他們，應當是真正重要的事。但是我不能夠這麼說，因為真正重要的事是什麼，必須由每個人自己決定，不是我說了算。

在這裡，我只是想給你一項建議，那就是請你經常提出這個問題，不只問自己，還要誠實、勇敢地說出答案。這個問題不只能夠幫助你發現事物的關鍵，也能夠幫助你找到生命的核心。

結論

# 人生加分題

今生今世，你是否已了無遺憾？

最近，我參加摯友肯達爾的追思會時，想到了這個問題。各位應該還記得，我在第三章曾經提過他，我們是維吉尼亞法學院的同學。他就是以「至少，我們是不是都同意……？」這個問題創立憲法責任中心的律師。肯達爾不但是個卓越的律師、有願景的領導人、忠實的友人，也是一個好父親、好丈夫。他還有一項長才，就是能夠提出真正的好問題。

我和肯達爾是一九八九年在橄欖球場上認識的，我們都參加維大的橄欖球校隊選拔賽。我還記得，那時肯達爾上下打量著我：確切地說，由於他身高足足有一百九十三公分，所以他是居高臨下地看著我這個矮冬瓜。他的塊頭很大，我們給他取了個綽號叫做「巨人」。他的頭也很大，還有一頭異常濃密的棕髮，所以我們也喜歡叫他「水牛頭」。肯達爾盯著我，笑著說：「想不到在橄欖球場上，還能看到像你這樣的小個子啊？」

在接下來的四分之一個世紀，我和肯達爾成了莫逆之交。我們不但在同一個球隊打球，還是室友，一起發表文章，也是同謀。我們不只一起打橄欖球，還一起進過急診室（橄欖球員受傷是家常便飯。）我們曾一起把啤酒倒在髒球鞋裡，然後一飲而盡（這是我們橄欖球隊的傳統，很酷吧！）

我們一起騎車、一起健行、一起泛舟，我們一起去了挪威、墨西哥、哥斯大黎加、阿姆斯特丹和加州。我們一起去看布魯斯·史普林斯汀（Bruce Springsteen）的演唱會，也一起看維吉尼亞大學的棒球賽。我們一直想要合寫一篇有關土地使用開發回饋的長文，肯達爾認為，這雖然是個冷僻的主題，但是非常重要。我們針對法官提名一起投書，也經常辯論美國憲法某些條文的真意。說來，我和肯達爾的人生有很多交集。

我們法學院的同學，每個人都很有個性，也都很積極進取，但肯達爾還是我們當中的佼佼者，也是領導人物。每一年，他都會舉辦同學會。這個傳統始於一九九〇年的春天，在我們就讀法學院的第一年。那時，肯達爾是西維吉尼亞州華特嘉州立公園（Watoga State Park）之旅的主辦人；在接下來的二十五年，我們每年至少都會相聚一次。最近一次則是在緬因州，在肯達爾死前的一個月。像這樣的聚會讓我們親如兄弟、家人，這都是肯達爾的努力。儘管大家平時忙得不得了，但肯達爾還是會問：「至少，我們能不能夠……？」，設法讓大家聚在一起。

他不只是我們的領導人，也是我們的啦啦隊長。他對我們的信心，甚至超越我們對自己的自信。他不曾告訴我們要怎麼做，但他總是會問，能夠幫什麼忙呢？而且他真的幫了我們很多忙。他要我們面對工作、家庭、理想和恐懼，提出最深切的問題，並且誠實回答。這些問題就像一把又一把的鑰匙，打開我們心中的疑惑。

肯達爾身上有一股隱約的神祕氣質。對肯達爾來說，生活的種種瑣事就像各種挑戰，他不會說出「等等，你說什麼？」這樣確切的字眼，但他總是會一次又一次問自己這個問題。

例如，當我們還在念法學院的時候，有時我需要坐肯達爾的車一起回到租屋處。當時，我們住在鄉下的一間農舍，距離學校大約十六公里。我問他，打算什麼時候回家？他常常顯得很困惑，問我：「等等，你說什麼？」然後他總會說：過一、兩個小時再說。然後我會問：「過一、兩個小時再問你要回家了嗎？還是過一、兩個小時再見？」他說：「對，過一、兩個小時再問我。」

我有一個老毛病，總是問肯達爾同一個問題太多次：這個從小在餐桌上養成的習慣很難改掉，肯達爾也因此常常被我問得很煩。每當我越線，他就會翻臉，變得不再溫和，和平常簡直判若兩人。所以，當他要我過一、兩個小時後問他，如果我沒有靜靜地等，而是一再問他，他要是怒了就會說：「我知道什麼時候要載你這個臭小子回家，也知道什麼時候要叫你自己走十六公里的路回家，懂了嗎？」我就會乖乖點頭，後退一步。

儘管人生的表面亂象有時會令他感到迷惑，但是在我認識的人當中，沒有人比肯達爾更了解人生的真諦。因此，每當我們要做出重大的人生決定，例如工作、搬家或結婚，都會找他聊聊，聽聽看他的意見。雖然他認為自己的能力有限，我們不一定就應該照他說的去做，但是我們都知道，他能夠洞悉事情的本質，只要肯達爾認為沒錯，我們就更有信心去做正確的事。

我想，肯達爾能夠成為出色的領導人，原因之一是他並不會憤世嫉俗。當然，他有張刀子嘴，但如果是他關心的事，他就會展現出十足的熱情，例如美國憲法的徵收條例他認為非常重要，而你可能連聽都沒聽過。他從不擔心別人會認為他太天真，也不怕展現出好奇心，換句話說，他從不害怕詢問：「我想知道，為什麼……？」

## 人生最重要的事

二〇一六年，肯達爾因為大腸癌病逝，享年五十一歲。我去參加他的追思會，發現追思程序單的背面印了瑞蒙・卡佛（Raymond Carver）一首名為〈遲暮殘思〉（Late Fragment）的詩。本章所說的人生加分題，正是來自這首詩的開頭：「即便如此，今生今世，你是否已經了無遺憾？」我想，這也是每個人都會碰到最重要的一個問題。

在我看來，「即便如此」這四個字，道出現實人生中難免會有的痛苦和失望，但也蘊含著希望：人生在世，難免遭遇到折磨和挫折；即便如此，我們也會感受到快樂和滿足。我想，卡佛在癌末時寫下的這首詩，必然是在思索自己這一生，回想起人生種種，包括愛和心痛、失敗及救贖。這首詩也讓我想到肯達爾精彩的人生，只是他走得太早了。

當然，我無法保證，如果你以本書提到的這五個最重要的問題來問自己，最後能夠肯定回答：是的，今生今世，我沒有什麼遺憾。但是，我認為，這幾個問題會是很好的指引，可以幫助你的人生過得更充實、更滿足。畢竟，這些問題囊括了很多重要領域：

- 「等等，你說什麼？」，是所有了解的根源。
- 「我想知道……？」，是所有好奇心的核心。
- 「至少，我們是不是能夠……？」，是所有進展的開始。
- 「我能夠幫什麼忙？」，是所有良好關係的基礎。
- 「真正重要的是什麼？」，能幫助我們找到生命的核心。

如果你對人生充滿好奇，想要了解一切；如果你願意嘗試新的事物，也願意向他人學習；如果你能夠專注在真正重要的事情上，我相信當你思考自己的一生，問自己是否了無遺憾時，必然能夠比較肯定地說，我沒有什麼遺憾。

不過，我建議你思考想從人生中獲得什麼，並不是要你以自私的觀點出發，只想著自己可以得到什麼，而不問自己可以給予什麼。當然，我也不是建議你看重物質利益。我只是由衷建議你，可以藉由這些問題好好想想，如果你所剩的時日不多，那麼對你而言，什麼才是最重要的事？我想，此時物質利益可能已經不再那麼重要，最重要的或許是你和別人的關係。

至少，卡佛的答案就是如此。他在詩的一開頭問道：「即便如此，今生今世，你是否已經了無遺憾？」然後，他有了答案。

是的。
你此生所求為何？
在這世上，我能夠說，我是被愛的，
也感受得到有人愛我。

這首詩最關鍵的字眼就是「被愛」。「被愛」除了愛，還包括珍惜和尊重。雖然「被愛」不足以做為衡量人生的單一標準，但我想，每個人在離開人世之前，都希望能夠感受到自己是被愛、被珍惜、受到尊重的：這是值得追求的人生目標，我們也能從中獲得寶貴的回饋。如果你能夠經常提醒自己詢問本書提出的五個問題，並且仔細聆聽答案，就能夠往這樣的目標前進。這些問題有助於強化你和他人的連結，使彼此的關係變得深厚。

我的摯友肯達爾就是如此，而卡佛的這首詩正是最佳寫照。我謹以這本書記念肯達爾，他總是會提出最重要的問題，願意用心傾聽答案。他懂得欣賞問題，深刻了解好問題的力量。家人、朋友和同事都愛他，他也用愛來回饋我們。肯達爾用他的一生去證明，如果你能夠幫助別人，讓他們感覺被愛，你自己也會感受到被愛包圍。

如果你不知道怎麼做，那就問吧。

# 謝辭

本書能夠面世，關鍵人物有三位：麥特・韋伯（Matt Weber）、梅瑞迪斯・拉蒙特（Meredith Lamont），以及邁爾斯・杜義爾（Miles Doyle）。各位如有任何怨言，那就怪這三位「始作俑者」吧。

韋伯和拉蒙特是我在哈佛教育學院的同事，他們建議我把畢業典禮的演講影片貼到網路上，沒想到這段六分多鐘的短片在網路上瘋傳，吸引哈潑柯林斯（HarperCollins）出版公司編輯杜義爾的注意。杜義爾提議把我演講擴充、寫成一本書，儘管我一再表示，由於校務繁忙，而我也不確定是否還有什麼內容可補充，因此實在無法抽空寫書，他還是不屈不撓。倘若沒有他的信心和樂觀，我就不可能開始寫這本書；如果沒有他的編輯和鼓勵，我也不可能完成這本書。

我也要感謝諸多親友和同事幫我看稿，包括史蒂夫・吉隆（Steve Gillon）、咪咪・古伯斯特（Mimi Gurbst）、瑪西・何默（Marcy Homer）、麥克・克拉曼（Mike Klarman）、戴爾・李文森（Daryl Levinson），還有前述的兩位同事韋伯和拉蒙特。他們都給我寶貴的意見，而且還假裝讀得津津有味。

我老婆凱蒂受不了我百般糾纏，終於同意幫我看稿。老婆大人本來要刪除書中跟她有關的段落，在我一再乞求下，她終於同意留下這些段落，還幫我回想起一些老故事的情節。我在寫這本書的時候，我們家那四個小蘿蔔頭：威爾、山姆、班和菲比又有新的故事，如果本書有續集，必定會和各位分享。

我要謝謝我的出版經紀人霍華德・尹（Howard Yoon），

感謝他提供專業協助。特別值得一提的是，先進出版服務公司（Progressive Publishing Services）提供了出色的編輯和校對服務。當然，我的助理莫妮卡・申克（Monica Shack）也是一大功臣，她幫我安排時間來寫這本書。

我在寫這本書的過程中，獲得了很大的快樂，因為這本書讓我回想起和家人與朋友相處的點點滴滴，他們是許多故事的源頭。謹將我最深的感謝和愛獻給他們。

名家回響

# 關於人生，

他們想告訴你的是……

# 當你不再提問時，人生將無聊透頂

——陳志恆　諮商心理師、暢銷作家、臺灣ＮＬＰ學會副理事長

有一天，五歲的女兒問我：「動物需要洗澡嗎？」

我從沒想過這個問題，憑著直覺隨口回答：「應該不用吧！」女兒沒放過我，晚上刷牙時，她又問：「那麼，動物需要刷牙嗎？」

「等等，你說什麼？」這個問題實在有趣，女兒真正好奇的是：「動物都怎麼刷牙？」我想著，如果動物生活在大自然裡，就算不像人類般在意身體的乾淨骯髒與否，但也會遇到蛀牙的困擾吧！可是，動物沒有牙膏、牙刷或牙線，又該如何清潔牙齒呢？

於是，我和女兒一起上網找答案。原來，大部分的動物不需要刷牙，有不少動物的壽命太短，根本來不及蛀牙。

這讓我開了眼界。事實上，女兒常提出許多我未曾想過的問題，當我們帶著好奇心去找出答案，便能享受獲得新知的喜悅。然而，曾幾何時，我們不再去問為什麼，我們不再對周遭的一切感到好奇，同時，我們的生活也愈來愈無聊乏味。

許多人類偉大的發明與創造，都始於有趣的提問。那麼，我們該提出什麼樣的問題，能讓我們的人生獲益呢？

作者詹姆斯・萊恩（James E. Ryan）在《你的人生，真正重要的是什麼？》一書中，提到五個重要的問題。他用幽默的筆觸與動人的故事，分別闡述這五個問題如何運用，幫助我們想得更清楚。

其中有一個問題是「我想知道……」。這讓我想到，有一回，社會上發生一起父親對孩子嚴重體罰的事件。我在臉書上發文呼籲，體罰的本質是攻擊，帶來的是傷害，是不被允許的。

我的言論獲得許多粉絲贊同，卻有一位讀者不斷留言提出反對意見，儘管被其他人圍剿，他仍然堅持己見。

我本來不以為意，網路上正反言論都有。但他愈逆風，愈引起我的好奇。於是，我留言問他：「我想知道，為什麼你會這麼想？」對我而言，任何觀點背後都有其理由，有待被探索與看見。

經過他的說明我才明白，原來，我們擁抱共同的價值，都是為了孩子好；只是在處理孩子犯錯行為的執行方式上，有不同的做法。如果我沒有好奇追問，也許，我會理所當然把他當做一個守舊、刻板、不知變通的大人，並為他的孩子感到憂慮。

我在輔導與諮商領域的養成訓練中，不斷被要求時時刻刻帶著好奇的態度。當案主帶著困擾前來，抱怨自己無能為力時，通常，我得忍住想給建議的念頭，更要避免先入為主地分析與評判。

我習慣問：「我想知道，是什麼讓你這麼想？」在充分理解之後，再提出下一個問題：「我能夠幫上什麼忙？」或者「你希望從我這裡得到什麼？」這是作者在書中談到的第三個重要的問題。如此，你才能避免踩到「無效的協助」或「令人反感的幫忙」等這些助人工作的地雷。

不論你是學生、家長、老師或任何職場工作者，這本書中的五個提問，都能讓你對自己或他人的問題思考得更透徹。除此之外，加分題「今生今世，你是否了無遺憾？」更是值得我們一輩子思索的課題。

或許，人生在世很難不留下遺憾，但若能不斷自問這五個重要的問題，我相信，離世之前，我們將會少點遺憾吧！

# 說出答案勝一半，問對問題贏全部

—謝文憲　企業講師、作家、主持人

閱讀本書的期間，是我在推廣新書《極限賽局》最忙碌的兩個月，我每天問自己的問題是：「人的一生，真正重要的是什麼？」

這是書中的第五個問題。

## 過去的我

我沒去過大學畢業典禮演講，但我一生在企業內部演講，企業課程走跳十八年，業界人士都知道我口才很好，但真正讓我長時間勝出的不是口才，而是我擅長提問。

提問能力相較於口語表達與論述技巧，我很晚才學會、學精，我是在二〇一三年開始擔任廣播節目主持人才開始慢慢培養的，一開始，我也很喜歡搶話，喜歡找尋正確答案，有時還沒等待來賓講完，就想匆匆插話，說出自以為是的答案，每回聆聽播出，才自覺困窘不已。

我最近常上podcast通告，也有若干主持人跟我過去犯同樣的毛病，或是問題過於淺顯、制式，完全無法探詢出我心中真實的想法，或是自己狂講，把我晾在旁邊。

雖然我過去也有這類毛病，但經過十多年的刻意練習，我已能在來賓跟我的對話間，找到極佳平衡點，無論來賓口才好壞，健談與否，我都能游刃有餘，輕鬆帶出來賓觀點以及創造極佳的對談環境。

這件事看起來好像不難，其實不然。

最難的地方是：平日我是健談無礙的企業講師，要提供企業中高階主管對於各類型主題的解決方案或是正確答案，但每月有三至四天要轉換成精準提問、引導節目流暢進行的專業廣播主持人，二〇一三年迄今十二年，我早已能無縫接軌，自由切換，我是怎麼做到的？

## 三個提醒與心得

或許我的經驗，也能給您若干啟示：

一、用撞球模式取代桌球模式：進入對談時，你來我往的桌球模式固然精彩，但有時因為說話不經大腦，或是搶話、插話，甚或是文不對題的尬聊，都有可能傷及友誼。我建議愈是重要的對談，愈應該採用撞球模式，在每回出手前，先想一下：「回答前，若能多問一個問題，我會問……？」

二、人生無標準答案，只有更好的提問：提問可以刺激思考、延伸話題，更能夠擴大議題範圍，還能穩定人際關係，本書前四個問題在我看來，都能達到上述目的。

三、我有五個好問題集錦，回饋本書讀者：我非常習慣提問，尤其在錄訪談節目或是私塾教練課程，我的五個經典提問是：

1、如果你說一個字要付我一元，您會如何重新表達剛剛的論述？

2、如果時間可以重來，您會在哪個點，重新抉擇一次？

3、如果道愛、道謝、道歉、道別「四道」，可以各選一個人來道，您會選擇誰？

4、您的告別式當天，有誰會來參加，您現在該如何對待他？

5、誰是你一生最好的朋友？（公布這題我的答案）

我推薦本書，也推薦把《一如既往》這本書當成延伸閱讀。

對了，第五題我的答案是「肌肉」。

# 一本活出幸福圓滿人生的寶典

——愛瑞克 《內在成就》作者、TMBA共同創辦人

此書以諸多流暢好讀的故事，串連作者想要傳達的幾個核心理念，文筆幽默風趣又說理深刻，讀來不僅輕鬆愉快，更能將這些理念深深烙印在心，是我非常喜愛的一本書籍！以下是讓我深感共鳴的幾個部分。

首先，是談到我們不該浪費時間在害怕，恐懼讓人白白浪費時間。

我是一位內向高敏人，無時無刻都處在對周遭環境的各種不安全

感之下，尤其害怕與人接觸。我總是擔心，如果對方和我說話，我該說什麼？不應該說什麼？無論我說了或沒說什麼，事前或事後總是有好幾次內心戲不斷上演，而這虛耗了我大量的時間和精神。所幸，近幾年來我漸漸擺脫了這種虛耗，而解決之道即是此書所談的，懂得問「什麼是最重要的事？」。問出這個好問題，有助於自己專注、減少無謂的思考或煩惱，自然而然讓身心減壓不少。

其次，書中談到作者將院子裡的一塊草皮燒焦、自己的眉毛也燒光了，卻對父母隱匿實情的那一段，深刻又有趣！後來他向神父告解時，神父所說的一句話：「不去做應該做的事，跟故意做錯事一樣，也是一種罪過。」不去做應該做的事稱為「忽略的罪行」，往往是導致我們人生最大遺憾的主因。我認為，許多人沒有聽從內心的呼喚，去實現自己想要完成的使命、成為自己想成為的人，是人生不快樂甚至憂鬱的主因。我們必須對自己提出「靈魂拷問」，找出真正的夢想，去努力嘗試，無論結果成功或失敗，至少無憾，這呼應我在拙作《內在成就》所說：「從人生的終點回頭來看，過錯，總比錯過好。」

還有，此書強調：「提出好問題是生涯成功的關鍵……可以讓人超越傳統解答的好問題，可以讓人發現前所未見的種種可能的好問題。」我常在大型演講時拋出一個大哉問：「你的自我實現是什麼？你想成為怎樣的人？」然後把麥克風交給現場聽眾，讓自願分享的人站起來對著全場聽眾說出來。這樣做很冒險，因為身為一位講師，把主控權（麥克風）交給了他人，而且完全無法預料會聽到什麼。然而，這事後總是成為現場聽眾難以忘懷的一個橋段，我每一場成功的演講都有這樣的拷問。這個世界太複雜，沒有任何一個人知道所有答案，唯有透過提出好的問題、交流想法，才能促進彼此的思維進化、靈魂

# 問對問題

——吳家德 NU PASTA總經理、職場作家

這是一本學習「問對問題」的好書，值得你翻閱。

一本好書值得推薦，我覺得有三個要件。首先，是作者親身的經歷，讓讀者身歷其境，有「參與感」。再者，書中的故事與舉例，讓讀者回味再三，有「共鳴感」。最後，文章的內容與觀點，可讓讀者具體實踐，有「實用感」。

「打破砂鍋問到底，還問砂鍋在哪裡。」這是我常常與同事開會朗朗上口的口頭禪。「知其然，也要知其所以然」，也可以當成這句

話的註解。總之，以我在企業界經營管理的實務經驗，「追根究柢」的精神是企業成功之鑰，也是問對問題的關鍵。相同的，把問對問題用在人生大小事，也是受用。

「問題分析與解決」是一堂企業內訓非常受歡迎也永不退流行的好課。我聽了好幾次不同王牌講師詮釋這門課的精髓。這些老師對這堂課都有一個共通點，就是他們不急著「解決」問題，而是先「定義」問題，把問題的本質清楚確認後，再尋求後續的解答。

我的職涯多數時間都在從事「業務」工作，哪怕已經升任總經理職務多年，我都覺得我還是業務。眾所周知，業務是一個要懂溝通協調，洞悉人性，掌控全局的角色。如果沒有夠好的應對技巧，與圓融的人情練達，很難成為頂尖業務。

而具備傑出的業務能力，我覺得「問對問題」是很重要的一環。

當我看完《你的人生，真正重要的是什麼？》這本好書，書中作者提出的五個好問題，我馬上聯想到，這五個問題也非常適合應用在業務領域，當成業務人員精進銷售技巧的問句。

「**等等，你說什麼？**」可以與客戶進一步確認需求，通盤考量，找出可行的方案。

「**我想知道……？**」探詢客戶內心最在乎也最重視的想法，避免會錯意，也為成交做好準備。

「**至少，我們是不是能夠……？**」若談判卡關，以退為進，試圖找出另一種給客戶的選擇方案。

「**我能夠幫什麼忙？**」若能提供好的解決方案，代表成交。若是無法成交，買賣不成仁義在，依然可以與客戶保持良善關係，為下次成交建立根基。

「**真正重要的是什麼？**」業務的目的當然是成交，但比成交更重要的是，與人為善，與人同贏。回問自己，當一位稱職業務，最重要的使命是什麼？也問客戶，這樁買賣，是不是最適切的選擇。

我很喜歡作者提出的加分題：「**即便如此，今生今世，你是否已經了無遺憾？**」這不單是一個哲學命題，也是每個人活在世上，應該要時常拿出來做的人生功課。

問對問題，不只是聰明，更是智慧的象徵。

# 好問題才有好答案

——鄭俊德　閱讀人社群主編

好問題不只是能找到正確答案，更能激發我們獲得更多解答。《你的人生，真正重要的是什麼？》由維吉尼亞大學校長提出5＋1個問題引導你去思考人生更深層的意義。書中引用愛因斯坦曾說過的：「如果有一個小時可以拯救世界，我會利用五十五分鐘思考問題，再用最後五分鐘尋找解答。」

這句話，讓我想起使用ＡＩ的經驗。

第一次嘗鮮使用ＡＩ時，我就被ＡＩ的回覆功能大大驚艷，例如我曾經運用ＡＩ設計課程綱要、發想活動企劃的格式、商業文案的標題。只要數十秒的時間，比我自己發想要快上許多。

ＡＩ幾乎可以代勞過往需要花時間動腦的架構，但回到開頭的關鍵，問個「好問題」才能好好活用ＡＩ獲得更好的答案！

那麼，哪些問題是好問題？讀完這本書後，我根據書中邏輯歸納出五個問題，這五個問題能引領我們發揮創意、行動並反思自己的人生。

## Q1 等等，你說什麼？

這個問題，關鍵在於提醒我不要不懂裝懂，並且再次與對方確認指令與共識，避免產生誤會以及無法獲得期待結果。

例如當主管在會議中分享新專案，交代工作分工，你可以這樣說：「可以跟主管再次確認工作安排是……這些嗎？」

## Q2 我想知道……？

好奇心是人類進步的關鍵，當然有句話說「好奇心殺死一隻貓」，但這前提是明知山有虎偏向虎山行的危險行為，如果你已評估後續風險，那麼多數的好奇心能幫助我們學習新的知識。

例如你想學習新的專業，你可以問「我想知道可以讀哪些書？」、「我想知道我該去請教誰？」

## Q3 至少，我們是不是能夠……？

這個提問幫助我們一起前進，讓我們開始行動，跨出下一步。書中說這是一種退一步進兩步，走出同溫層並尋找共識的好問題。

當困難發生時，持續停留在原地只會產生抱怨與藉口，但我們可以提出「至少現在知道難題是什麼，我們是不是能夠針對這困難找到解決辦法，並尋找專業協助？」

## Q4 我能夠幫什麼忙？

人們渴望能夠被支持與幫助。雖然過往社會經驗告訴我們，當我們提出「我能夠幫什麼忙？」，有時候只會帶來更多工作量與麻煩。但如果這件事對你而言是舉手之勞，「我能夠幫什麼忙？」將為你帶來更多好人緣。

此外，為自己結交貴人，也常常透過這句話開始。

我訪問過上百位作家或名人，結識的機緣就是當他出版新書，我總會私訊恭喜，並提出「我能夠幫什麼忙？我很樂意幫你推薦分享」。

因著這句話，讓我結交許多作家。

所以當你幫忙對的人，會為你創造有意義的價值交換。

## Q5 真正重要的是什麼？

以上四個問題都很重要，但第五個問題「真正重要的是什麼？」是所有問題的核心。這句話能夠幫助我們找回重心，把專注力放在真正需要注意的事情上，人生有限，更需要把時間放在有意義與價值的事情上面。

這本書的案例故事告訴我們，問對問題才能有好答案，透過問題仔細思考人生，你就能活出更加閃耀的人生。

心理勵志 BBP484

# 你的人生，真正重要的是什麼？

## 感動百萬人的 5 個人生提問，那些比正確答案更關鍵的事

## Wait, What?: And Life's Other Essential Questions

（原書名：人生思考題）

作者— 詹姆斯・萊恩 James E. Ryan
譯者— 廖月娟

總編輯— 吳佩穎
財經館副總監— 蘇鵬元
責任編輯— 邱慧菁（第一版）、黃雅蘭（第二版）
封面設計— 謝佳穎

出版者— 遠見天下文化出版股份有限公司
創辦人— 高希均、王力行
遠見・天下文化 事業群榮譽董事長— 高希均
遠見・天下文化 事業群董事長— 王力行
天下文化社長— 王力行
天下文化總經理— 鄧瑋羚
國際事務開發部兼版權中心總監— 潘欣
法律顧問— 理律法律事務所陳長文律師
著作權顧問— 魏啟翔律師
社址— 臺北市 104 松江路 93 巷 1 號
讀者服務專線— 02-2662-0012 ｜傳真— 02-2662-0007；02-2662-0009
電子郵件信箱— cwpc@cwgv.com.tw
直接郵撥帳號— 1326703-6 號 遠見天下文化出版股份有限公司

電腦排版— 陳玉齡
製版廠— 中原造像股份有限公司
印刷廠— 中原造像股份有限公司
裝訂廠— 中原造像股份有限公司
登記證— 局版台業字第 2517 號
總經銷— 大和書報圖書股份有限公司｜電話— 02-8990-2588
出版日期— 2017 年 5 月 26 日第一版第一次印行
2024 年 2 月 29 日第二版第一次印行
2024 年 7 月 17 日第二版第二次印行

國家圖書館出版品預行編目(CIP)資料

你的人生,真正重要的是什麼?：感動百萬人的5個人生提問,那些比正確答案更關鍵的事/詹姆斯.萊恩(James E. Ryan)作；廖月娟譯. -- 第二版. -- 臺北市：遠見天下文化出版股份有限公司, 2024.02

208 面；14.8 X 21 公分. -- (心理勵志；BBP484)

譯自：Wait, What?：and life's other essential questions

ISBN 978-626-355-658-4(平裝)

1.CST: 自我實現 2.CST: 生活指導

177.2　　113001268



定價 — 380 元
ISBN — 978-626-355-658-4｜EISBN — 9786263556539（EPUB）；9786263556546（PDF）
書號 — BBP484
天下文化官網 — bookzone.cwgv.com.tw